# Burgers & Cie
## en 100 recettes

Philippe Chavanne

### Légende des pictos

- 🍪 .. Nombre de personnes
- 🥄 .. Temps de préparation
- 🍳 .. Temps de cuisson
- 💤 .. Temps de repos
- 🌙 .. Trempage/marinade
- 🧊 .. Temps de réfrigération
- ❄️ .. Temps de congélation

© Éditions First, un département d'Édi8, 2014

Le Code de la propriété intellectuelle interdit les copies ou reproductions destinées à une utilisation collective. Toute représentation ou reproduction intégrale ou partielle faite par quelque procédé que ce soit, sans le consentement de l'auteur, de ses ayants droits ou de ses ayants cause est illicite et constitue une contrefaçon sanctionnée par les articles L 335-2 et suivants du Code de la propriété intellectuelle.

ISBN : 978-2-7540-5933-6
Dépôt légal : mars 2014
Imprimé en Italie

Direction éditoriale : Aurélie Starckmann
Édition : Élise Fromentaud
Mise en page : Olivier Frenot
Couverture : Joséphine Cormier

Éditions First, un département d'Édi8
12, avenue d'Italie
75013 Paris – France
Tél. : 01 44 16 09 00
Fax : 01 44 16 09 01
E-mail : firstinfo@efirst.com

Site internet : www.editionsfirst.fr

# Introduction

Un petit brin de nostalgie à l'évocation de vos dernières vacances au pays de l'Oncle Sam et des incontournables cow-boys ? Une envie irrésistible d'une préparation gourmande toute simple, économique, mais super-tendance ? À peine le temps de grignoter sur le pouce ? Des copains qui s'invitent à la dernière minute et qui réclament un repas goûteux, amusant et sympa ?

Peu importe votre motivation : dans tous ces cas, les burgers, les bagels et les hot-dogs sont ce qu'il vous faut : simples ou sophistiqués, en version classique, terroir ou exotique, salés ou mêmes sucrés… ils sont toujours délicieux !

Aujourd'hui, bien loin des sandwichs classiques proposés par les grandes chaînes de fast-food, burgers, bagels et autres hot-dogs ne cessent de se réinventer pour notre plus grand plaisir. En diversifiant à l'infini les saveurs et les parfums, ils élargissent toujours plus nos horizons gourmands et répondent de manière magistrale, amusante et conviviale à toutes les envies.

Vous pensez que ces emblèmes de la cuisine américaine n'ont rien de gastronomique? Ils représentent pour vous la *junk food* dans toute son horreur? Les dizaines de recettes qui suivent vont vous faire radicalement changer d'avis! Même si, en gastronome averti, vous n'aviez jusqu'ici jamais poussé les portes d'un fast-food et étiez réfractaire à l'idée de mordre goulûment dans un burger, un bagel ou un hot-dog, vous allez immanquablement apprécier les plats proposés dans ce livre. Et vous allez même en redemander!

Que ce soit pour un petit repas rapide en solo, pour régaler toute la famille, ou encore pour profiter d'un dîner entre copains, les burgers, bagels et hot-dogs vous permettront toujours de passer un fabuleux moment à table.

Il n'y a donc plus à hésiter: passez aux fourneaux et régalez-vous!

## Le burger: bien plus qu'un steak haché entre deux morceaux de pain

Si l'on se réfère à un célèbre dictionnaire, le burger n'est pas autre chose qu'une espèce de sandwich rond, produit de base de la restauration rapide. Bien qu'exacte, cette définition est cependant beaucoup trop réductrice, tant la palette des burgers n'a cessé de s'enrichir, de s'étoffer et de se diversifier au cours des dernières années.

Contrairement à ce que l'on pense souvent, le mot « hamburger » ne doit pas grand-chose à la langue anglaise. Étymologiquement, « hamburger » fait plutôt référence à… la ville de Hambourg, d'où il serait originaire. Le terme a cependant été vite adopté par les Anglo-Saxons et désigne désormais autant la portion de steak haché que le sandwich lui-même.

Force est de constater que les burgers des fast-foods et des grandes surfaces sont loin de rimer avec « équilibre alimentaire » ! À juste titre, ils sont régulièrement pointés du doigt comme étant les causes directes de certains problèmes de santé. Rien d'étonnant à cela : dans bien des cas, les viandes et les sauces qu'ils proposent contiennent tellement d'additifs, de sucres et de mauvaises graisses qu'il est impossible de fournir un produit raisonnablement sain au consommateur.

Et pourtant ! Il suffit d'un rien pour que le burger se transforme en plat savoureux et diététique. Pour cela, privilégiez le fait maison et sélectionnez soigneusement les ingrédients. Voici quelques pistes…

- Optez pour de la viande maigre : acheté chez un artisan-boucher de confiance et haché à la minute,

- le bœuf maigre vous permettra de réaliser des steaks limitant considérablement l'apport en lipides.
- Privilégiez une autre viande que le bœuf : le poulet et la dinde sont des viandes plus maigres et sont particulièrement recommandés.
- Tentez le burger végétarien : originales et saines, les légumineuses présentent en outre l'avantage d'être riches en fibres. Pensez ainsi aux surprenantes et savoureuses galettes de tofu, de haricots noirs, de pois chiches…
- Bannissez les sauces industrielles : elles contiennent énormément de sucres cachés et de matières grasses. Confectionner vos sauces « maison » à partir d'ingrédients de qualité est à tous les coups une vraie solution gagnante.

## Le bagel : fast-food de roi

Bien que les origines du bagel restent quelque peu incertaines, il est néanmoins sûr qu'il n'a pas été inventé à New York, mais en Europe centrale ou orientale.

Débarqué aux États-Unis et au Canada dans les bagages des immigrants juifs d'Europe de l'Est, il est peu à peu devenu l'emblème des delis new-yorkais.

Le traditionnel bagel new-yorkais, immortalisé par de nombreux films et séries télévisées, est légèrement salé. Poché à l'eau avant d'être cuit au four, sa croûte croustillante cache une pâte gonflée et moelleuse.

Aujourd'hui, le bagel a le vent en poupe et des variantes toutes plus originales et succulentes les unes que les autres font leur apparition chaque jour. Cette incroyable diversité repose non seulement sur les farines utilisées pour la confection de la pâte, mais aussi, sur les garnitures : pépites de chocolat, oignons, raisins secs, viande fumée, ail, saumon fumé… Tout est permis !

## Le hot-dog : un chien chaud comme une saucisse

Un petit pain allongé et brioché fourré d'une saucisse viennoise et accompagné de moutarde forte, de ketchup, d'oignons voire de choucroute… Il n'en faut guère plus pour confectionner un véritable hot-dog !

Aujourd'hui, le hot-dog traditionnel n'est plus le seul à faire le plaisir des amateurs du genre et de nombreuses variantes essaiment la planète tout entière. En ce qui concerne la saucisse, on utilise le plus souvent de la viande de bœuf, parfois mélangée à de la viande de porc, mais on peut aussi en trouver à base de poulet, de dinde, de légumes, de tofu…

# LES PRÉPARATIONS DE BASE

•

## Bagel brioché

🍪 10   🥄 55 min   ⏲ 2 h   🍳 20 min

17 cl de lait tiède • 4 c. à s. de miel liquide • 30 g de beurre fondu • 3 jaunes d'œufs • 16 cl d'eau tiède • 750 g de farine T55 • 2 sachets de levure • 1 œuf battu • huile • sel

❶ Dans un plat creux, mélangez le lait, 3 cuillerées à soupe de miel, le beurre, les jaunes d'œufs et l'eau.
❷ Dans un autre plat creux, mélangez la farine, la levure et 4 cuillerées à café de sel. Creusez un puits et versez-y la préparation liquide. Mélangez le tout du bout des doigts jusqu'à incorporation complète de tous les ingrédients.
❸ Pétrissez la pâte sur le plan de travail pendant 10 minutes, jusqu'à ce qu'elle soit lisse et homogène, puis divisez-la en 10 pâtons. Façonnez-les en boules et aplatissez-les légèrement. Percez un trou de 3 ou 4 cm de diamètre au centre de chaque boule. Disposez les bagels sur des plaques à pâtisserie recouvertes de papier sulfurisé légèrement huilé et couvrez-les d'un torchon. Laissez lever pendant environ

2 heures. ❹ Préparez le liquide de pochage : versez 3 l d'eau dans une casserole, ajoutez le miel restant et 2 cuillerées à soupe de sel. Portez à ébullition, puis baissez le feu. Plongez les bagels deux par deux dans l'eau frémissante et faites-les pocher pendant 1 minute. Retournez-les et laissez-les encore pocher 30 secondes. Sortez-les de l'eau et déposez-les sur les plaques à pâtisserie. ❺ Badigeonnez-les d'œuf battu et enfournez à 200 °C (th. 6-7) pendant 20 minutes jusqu'à ce qu'ils soient joliment dorés.

**Variantes :** vous pouvez remplacer le miel liquide par la même quantité de cassonade. Agrémentez ces succulents bagels briochés de pépites de chocolat, de miettes de pain d'épice, de noisettes concassées… Après l'incorporation des ingrédients, pétrissez à nouveau chaque pâton pendant quelques minutes, puis poursuivez la recette comme indiqué.

# Bagel de Montréal

🍪 5   🔪 2 h   💤 1 h 40   🍳 20 min

**330 g de farine T65 • 12 g de levure de boulanger • 8 cl de lait • 15 g de beurre • 1 c. à s. de miel liquide • 8 cl d'eau • 1 c. à s. de sucre en poudre • 1 c. à s. de bicarbonate de soude • 2 jaunes d'œufs • 1 blanc d'œuf • huile • sel**

❶ Versez la farine dans le bol d'un robot. Ajoutez la levure ainsi qu'1 cuillerée à café de sel. Mélangez. ❷ Dans une casserole, versez le lait, les jaunes d'œufs, le beurre, le miel et l'eau. Faites tiédir. Versez dans le bol du robot et pétrissez la préparation pendant une dizaine de minutes. ❸ Huilez légèrement un grand plat creux. Transvasez-y la pâte, couvrez d'un film alimentaire et réservez dans un endroit chaud et humide. Laissez lever la pâte pendant 90 minutes, jusqu'à ce qu'elle double de volume. Appuyez dessus avec la paume de la main et repliez-la 2 ou 3 fois sur elle-même afin d'en chasser l'air. ❹ Façonnez 5 pâtons en boules et percez-les d'un trou de 3 ou 4 cm de diamètre au centre. Disposez les bagels sur une feuille de papier sulfurisé légèrement farinée et laissez reposer 10 minutes. ❺ Faites frémir 2 l d'eau additionnée du sucre et du bicarbonate dans une casserole. Plongez-y les bagels un à un et pochez-les 15 secondes sur chaque face. Le bagel doit tomber au fond de la casserole, remonter en surface et se rider. ❻ Égouttez soigneusement les bagels et séchez-les à l'aide d'un torchon propre. Disposez-les sur une plaque à pâtisserie, badigeonnez-les de blanc d'œuf et enfournez pour 15 minutes à 180 °C (th. 6), jusqu'à ce qu'ils soient joliment dorés.

**Conseil :** très légèrement sucrés, ces bagels de Montréal conviennent bien aux préparations sucrées ou salées et se dégustent froids ou tièdes.

## Bagel new-yorkais

🍪 8  🥄 2 h  💤 1 h 40  🍞 20 min

**60 cl d'eau • 2 c. à c. de levure de boulanger • 900 g de farine T45 • 1 c. à s. de miel liquide • 20 g de beurre • 1 c. à s. de sucre en poudre • 1 c. à s. de bicarbonate de soude • 1 blanc d'œuf • huile • sel**

❶ Versez 5 cl d'eau tiède dans un bol et délayez-y la levure. ❷ Versez 500 g de farine dans le bol d'un robot. Ajoutez 55 cl d'eau, la levure, 1 cuillerée à café de sel, le miel liquide et le beurre. Pétrissez le tout en incorporant progressivement le reste de farine. Continuez à pétrir pendant une dizaine de minutes, jusqu'à obtention d'une pâte lisse. ❸ Huilez légèrement un grand plat creux. Transvasez-y la pâte, couvrez d'un film alimentaire et réservez dans un endroit chaud et humide. Laissez lever la pâte pendant 90 minutes, jusqu'à ce qu'elle double de volume. Appuyez dessus avec la paume de la main et repliez-la 2 ou 3 fois sur elle-même afin d'en chasser l'air. ❹ Façonnez 8 pâtons identiques en boule. Percez-les d'un trou de 3 ou 4 cm de diamètre au centre. Disposez les bagels sur une feuille de papier sulfurisé légèrement farinée et laissez reposer pendant 10 minutes. ❺ Faites frémir 2 l d'eau additionnée du sucre et du bicarbonate dans une casserole. Plongez-y les bagels un à un et faites-les pocher pendant 15 secondes sur chaque face. Le bagel doit tomber au fond de la casserole, remonter en surface et se rider. ❻ Égouttez soigneusement les bagels et séchez-les à l'aide d'un torchon propre. Disposez-les sur une plaque à pâtisserie, badigeonnez-les de blanc d'œuf et enfournez pour 15 minutes à 180 °C (th. 6), jusqu'à ce qu'ils soient joliment dorés.

## Bun à burger

🍽 4 • 🥄 10 min • 💤 1 h • 🍞 15 min

**360 g de farine T55 • 20 cl de lait tiède • 10 g de levure de boulanger • 15 g de sucre en poudre • 20 g de beurre ramolli • 2 c. à c. de jus de citron pressé • sel**

❶ Mélangez la farine, le lait, la levure, le sucre, le beurre, le jus de citron et 1 pincée de sel dans un grand plat creux. Pétrissez le tout pendant 5 minutes, jusqu'à ce que la pâte ne colle plus aux doigts. ❷ Divisez la pâte en 4 pâtons et déposez-les sur une plaque à pâtisserie recouverte de papier sulfurisé. Laissez reposer à température ambiante pendant environ 1 heure, jusqu'à ce que les pâtons aient doublé de volume. ❸ Humectez les pâtons et déposez-les

Les préparations de base • 15 •

sur une grille. Remplissez d'eau la lèchefrite du four et enfournez la grille juste au-dessus de la lèchefrite. Faites cuire pendant environ 15 minutes à 210 °C (th. 7), jusqu'à ce que les pains soient joliment dorés.

**Conseil**: agrémentez ces pains de graines de pavot, de tournesol, de sésame… Parsemez-en la surface des pâtons juste avant de les humecter et d'enfourner.

## Bun à hot-dog

🍽 6  🥄 15 min  💤 3 h 30  🍞 20 min

**400 g de farine T55 • 1 c. à c. de sucre de canne • 30 g de beurre en pommade • 1 œuf battu • 1 blanc d'œuf battu • sel**
**Pour le levain : 12 cl d'eau tiède • 12 cl de lait tiède • 1 sachet de levure du boulanger**

❶ Préparez le levain : versez l'eau et le lait dans un bol. Délayez-y la levure pendant environ 5 minutes, jusqu'à ce qu'une légère mousse apparaisse en surface. ❷ Versez la farine dans le bol d'un robot. Ajoutez le sucre de canne, le beurre et 1 cuillerée à café de sel, puis le levain et l'œuf battu. Pétrissez le tout pendant 8 minutes, jusqu'à obtention d'une pâte bien souple. Couvrez le bol du robot d'un film alimentaire et laissez reposer la pâte à température ambiante pendant environ 2 heures, jusqu'à ce qu'elle ait doublé de volume. ❸ Divisez la pâte en 6 pâtons et façonnez-les en boudins d'environ 10 cm de long. ❹ Disposez les buns sur une plaque à pâtisserie recouverte de papier sulfurisé, en laissant assez d'espace pour qu'ils puissent gonfler sans se toucher à la cuisson. Couvrez le tout d'un torchon propre et sec et laissez reposer pendant 90 minutes à température ambiante, jusqu'à ce qu'ils aient doublé de volume. ❺ Badigeonnez chaque bun de blanc d'œuf battu, puis enfournez pour 20 minutes à 180 °C (th. 6). À mi-cuisson, faites pivoter votre plaque afin que les buns soient cuits de manière identique et uniforme.

**Conseil:** avant d'enfourner, saupoudrez vos buns de graines de sésame, de tournesol, de pavot, de fenouil, de cumin… en fonction de votre goût et de la préparation envisagée.

## Bun à hot-dog sucré

🍪 12   🥄 15 min   💤 3 h 30   🍳 35 min

370 g de farine T55 • 50 g de sucre en poudre • 75 g de beurre fondu • 1 œuf battu • lait • 1 jaune d'œuf battu • sel
**Pour le levain :** 20 cl de lait tiède • 1 sachet de levure du boulanger

❶ Préparez le levain : versez le lait dans un bol et délayez-y la levure pendant environ 5 minutes, jusqu'à ce qu'une légère mousse apparaisse en surface. ❷ Versez la farine, le sucre, le beurre et 1 cuillerée à café de sel dans le bol d'un robot. Ajoutez le levain et l'œuf battu. Pétrissez le tout pendant 10 à 12 minutes, jusqu'à obtention d'une pâte souple. Couvrez le bol du robot d'un film alimentaire et laissez reposer à température ambiante pendant environ 2 heures, jusqu'à ce que la pâte ait doublé de volume. ❸ Divisez la pâte en 12 pâtons et façonnez-les en boudins d'environ 10 cm de long. ❹ Badigeonnez la surface de chaque bun d'un peu de lait, puis enfournez pour 35 minutes à 150 °C (th. 5). À mi-cuisson, badigeonnez-les du jaune d'œuf battu mélangé à 1 cuillerée à soupe d'eau, puis faites pivoter votre plaque afin qu'ils soient cuits de manière uniforme.

**Variantes:** en fonction de votre goût ou de la préparation envisagée, incorporez à la pâte 1 cuillerée à café de cannelle moulue, de quatre-épices… Autre possibilité: laissez-les refroidir, puis glacez-les en les badigeonnant légèrement de miel liquide chaud.

# LES BURGERS

•

## Burger classique

👥 4   ⏱ 15 min   🍳 5 min

4 pains à burgers au sésame • 300 g de viande de bœuf hachée • 1 oignon • 2 échalotes • 1 c. à c. de sauce Worcestershire (voir recette p. 147) • 4 belles feuilles de laitue • quelques rondelles de tomate • 4 gros cornichons • moutarde • ketchup (voir recette p. 127) • sel • poivre

❶ Épluchez et émincez l'oignon et les échalotes. ❷ Dans un grand plat creux, mélangez le bœuf avec les échalotes, la sauce Worcestershire, du sel et du poivre. Façonnez cette préparation en 4 steaks et faites-les cuire à la poêle, sur toutes les faces. ❸ Coupez les pains en deux et toastez-les. ❹ Garnissez chaque petit pain d'un steak haché, d'une feuille de laitue, d'un peu de tomate et d'oignon. Ajoutez un cornichon émincé, puis garnissez de moutarde et de ketchup. Dégustez aussitôt.

Conseil : jouez la carte américaine en servant ces hamburgers avec un vin rouge californien.

# Baconburger

👥 4 · 🔪 15 min · 🍳 10 min

4 pains à burgers • 600 g de viande de bœuf hachée • ½ oignon rouge • 4 fines tranches de bacon • 4 tranches de cheddar • 4 c. à s. de ketchup (voir recette p. 127) • 4 belles feuilles de salade • 2 cornichons aigres-doux en rondelles • sel • poivre

❶ Épluchez l'oignon et coupez-le en rondelles. Façonnez la viande hachée préalablement salée et poivrée en 4 steaks. ❷ Dans une poêle, faites revenir les tranches de bacon des deux côtés. Faites griller les steaks des deux côtés dans une autre poêle, puis déposez une tranche de cheddar sur chaque steak. ❸ Coupez les pains en deux et réchauffez-les au four. ❹ Tartinez les demi-pains de ketchup. Garnissez chaque petit pain d'une feuille de salade, d'un peu d'oignon cru, d'un steak au cheddar, d'une tranche de bacon et de rondelles de cornichons. Dégustez aussitôt.

# Fishburger

🍽 4   🔪 30 min   🍳 10 min

4 pains à burgers • 4 dos de cabillaud • 1 œuf • 1 c. à c. de paprika en poudre • 1 pincée de piment en poudre • 150 g de chapelure • 4 c. à s. de sauce aux herbes (voir recette p. 135) • 4 tranches de cheddar • 4 belles feuilles de salade • 1 c. à s. d'huile d'olive vierge extra • sel • poivre

❶ Battez l'œuf dans une assiette creuse. Salez et poivrez, puis ajoutez le paprika et le piment. Mélangez. Versez la chapelure dans une autre assiette creuse. ❷ Passez chaque dos de cabillaud d'abord dans l'œuf battu, puis dans la chapelure, de manière à bien les enrober sur toutes les faces. ❸ Faites chauffer l'huile dans une poêle. Faites-y cuire les poissons panés pendant 6 minutes, en les retournant à mi-cuisson. ❹ Coupez les pains en deux et réchauffez-les au four. Tartinez-les de sauce aux herbes. Garnissez chaque pain d'un poisson pané encore chaud, d'une tranche de fromage et d'une feuille de salade. Dégustez aussitôt.

# Burger bœuf-bacon

6 | 25 min | 15 min

6 pains à burgers • 900 g de viande de bœuf hachée • 12 tranches de bacon • 3 c. à s. d'huile • 3 c. à s. de mayonnaise (voir recette p. 129) • 3 c. à s. de ketchup (voir recette p. 127) • 6 belles feuilles de salade en lanières • 6 tranches de cheddar • sel • poivre

❶ Recouvrez la plaque du four de papier sulfurisé. Déposez-y les tranches de bacon et faites-les dorer sous le gril du four pendant environ 3 minutes. ❷ Coupez les pains en deux et toastez-les. ❸ Façonnez la viande hachée en 6 steaks. Salez et poivrez. Faites chauffer l'huile dans une poêle et faites-y cuire les steaks pendant 8 à 10 minutes à feu moyen, en les retournant à mi-cuisson. ❹ Tartinez les moitiés inférieures de chaque burger de mayonnaise et les moitiés supérieures de ketchup. Répartissez la salade sur les moitiés inférieures, couvrez d'un steak, d'une tranche de cheddar et de 2 tranches de bacon. Refermez les burger et dégustez aussitôt.

## Cheeseburger

🍽 6   🔪 15 min   🍳 10 min

**6 pains à burgers • 900 g de viande de bœuf hachée • 3 c. à s. de mayonnaise (voir recette p. 129) • 3 c. à s. de ketchup (voir recette p. 127) • 12 belles feuilles de salade • 12 tranches de cheddar • 3 c. à s. d'huile • sel • poivre**

❶ Salez et poivrez la viande hachée, puis façonnez-la en 6 steaks. ❷ Faites chauffer l'huile dans une poêle et faites-y cuire les steaks pendant 8 à 10 minutes à feu moyen, en les retournant à mi-cuisson. ❸ Coupez les pains en deux. Tartinez la moitié inférieure de mayonnaise et la moitié supérieure de ketchup. Émincez grossièrement la salade. ❹ Répartissez la moitié de la salade sur la moitié inférieure de chaque burger. Couvrez d'une tranche de fromage, puis d'un steak et d'une autre tranche de fromage. Terminez le montage en répartissant le reste de salade et refermez les burgers. Dégustez aussitôt.

**Conseil:** vous voulez transformer ces cheeseburgers traditionnels en repas complet? Servez-les avec une généreuse portion de frites chaudes et croustillantes.

## Burger végétarien

🍽 4　✎ 15 min　⏲ 5 min

4 pains à burgers • 440 g de pois chiches en conserve • 4 oignons verts • 2 gousses d'ail • 50 g de persil frais haché • farine • 1 œuf légèrement battu • chapelure • 1 poignée de pousses de luzerne • 2 c. à s. d'huile • sel • poivre
**Pour la sauce :** 80 g de ricotta • 1 branche de céleri finement hachée • 1 c. à s. de moutarde forte • 2 c. à s. de ciboulette fraîche hachée • sel • poivre

❶ Égouttez les pois chiches. Émincez les oignons. Épluchez et écrasez l'ail. Mixez le tout avec le persil, du sel et du poivre. Façonnez la préparation en 4 galettes. ❷ Farinez les galettes et trempez-les dans l'œuf, puis enrobez-les de chapelure. ❸ Faites chauffer l'huile dans une poêle et faites-y dorer les galettes à feu moyen pendant 2 minutes sur chaque face. Retirez-les de la poêle et épongez-les sur du papier absorbant. ❹ Préparez la sauce en mélangeant tous les ingrédients. ❺ Coupez les pains en deux et tartinez chaque demi-pain de sauce. Déposez une galette sur la moitié des demi-pains, garnissez de pousses de luzerne et recouvrez des moitiés de pain restantes. Dégustez aussitôt

## Burger Fish & Chips

🍽 6  🔪 45 min  🍳 5 min

6 pains à burgers • 6 filets de poisson blanc de 130 à 140 g chacun • 2 œufs • 200 g de farine • 2 pincées de bicarbonate de soude • 20 cl de bière blonde • 6 belles feuilles de salade • 1 kg de frites • huile de friture • sel • poivre

**Pour la sauce :** ½ oignon • 6 cornichons • 120 g de mayonnaise (voir recette p. 129) • 1 c. à s. de câpres égouttées • 1 c. à s. de persil frais haché • sel • poivre

❶ **Préparez la sauce :** épluchez et hachez l'oignon et coupez les cornichons en petits dés. Dans un bol, mélangez le tout avec la mayonnaise, les câpres, le persil, du sel et du poivre. ❷ **Préparez la pâte :** séparez les blancs des jaunes d'œufs. Dans un grand plat creux, mélangez la farine, les jaunes d'œufs, le bicarbonate, la bière, du sel et du poivre. Montez les blancs d'œufs en neige ferme, puis incorporez-les délicatement à la pâte. ❸ Trempez les filets de poisson dans cette pâte, puis plongez-les dans un bain de friture bien chaud (170 °C environ) pendant 4 ou 5 minutes. Épongez-les sur du papier absorbant. ❹ Dans un autre bain de friture à 180 °C, plongez les frites pendant 5 à 6 minutes, jusqu'à ce qu'elles soient dorées et croustillantes. ❺ Coupez les pains en deux et toastez-les. Tartinez chaque demi-pain de sauce aux câpres. Sur les moitiés inférieures, répartissez des morceaux de salade, puis déposez le poisson frit très chaud. Couvrez de frites, refermez les burgers et dégustez aussitôt.

**Conseil** : pour des burgers plus faciles à manger, présentez simplement les frites en accompagnement.

# Burger à l'agneau

👥 4   🍴 15 min   🔥 5 min

4 pains à burgers • 375 g de viande d'agneau hachée • 1 carotte • 1 oignon • 1 c. à c. de romarin haché • 2 c. à s. de concentré de tomate • 4 tranches de poitrine fumée • 4 tranches de cheddar • moutarde • 4 belles feuilles de laitue • 1 c. à s. d'huile d'olive vierge extra • sel • poivre

❶ Râpez la carotte. Épluchez et émincez l'oignon. Dans un grand plat creux, mélangez la viande hachée avec l'oignon, le romarin, le concentré de tomate, du sel et du poivre. Façonnez cette préparation en 4 steaks. ❷ Entourez chaque steak d'une tranche de poitrine fumée fixée à l'aide d'un cure-dent. ❸ Faites chauffer l'huile dans une poêle et faites-y griller les steaks à feu moyen, jusqu'à ce qu'ils soient cuits à point. Déposez une tranche de fromage sur chaque steak et laissez fondre légèrement. Retirez les steaks de la poêle et ôtez les cure-dents. ❹ Ouvrez les pains en deux et toastez-les. Tartinez ensuite chaque demi-pain de moutarde. Déposez un steak sur les moitiés inférieures, garnissez de carotte râpée et d'une feuille de laitue. Refermez les burgers et dégustez aussitôt.

## Burger agneau & poivrons grillés

🍽 4   🥄 15 min   ⏲ 20 min

4 pains à burgers • 450 g de viande d'agneau hachée • 2 poivrons rouges • 2 c. à s. de ciboulette hachée • 2 c. à s. de chapelure • 1 œuf • 6 cl de mayonnaise (voir recette p. 129) • 1 c. à c. de sauce piri-piri • 4 tranches de cheddar • 2 c. à s. d'huile d'olive vierge extra • sel • poivre

❶ Badigeonnez les poivrons d'huile et disposez-les sur une plaque. Faites-les griller au four pendant 5 minutes de chaque côté, jusqu'à ce que la peau noircisse et cloque. Enfermez les poivrons dans un sac en plastique alimentaire et laissez-les refroidir. Épluchez-les, coupez-les en deux, éliminez les graines ainsi que les parties blanches. Coupez leur chair en fines lanières. ❷ Dans un grand plat creux, mélangez la viande, la ciboulette, la chapelure, l'œuf, du sel et du poivre. Façonnez en 4 galettes et faites-les cuire 10 minutes à la poêle, en les retournant à mi-cuisson. ❸ Dans un bol, mélangez la mayonnaise et la sauce piri-piri. Coupez les pains en deux et toastez-les. ❹ Tartinez chaque demi-pain de sauce. Posez un steak, couvrez d'une tranche de cheddar et de poivrons grillés, puis refermez Dégustez aussitôt.

**Variante:** remplacez le cheddar par du fromage de chèvre qui se marie bien avec l'agneau.

**Bon à savoir:** on trouve la sauce pimentée piri-piri dans les épiceries exotiques et certaines grandes surfaces.

## Burger aigre-doux

6 • 30 min • 20 min

6 pains à burgers • 900 g de viande de bœuf hachée • 1 oignon rouge ou blanc • 1 ou 2 c. à s. de miel liquide • 2 c. à s. de vinaigre de vin • 6 tranches de cheddar • 6 belles feuilles de salade en lanières • 6 c. à s. bombées de sauce aigre-douce (voir recette p. 133) • 6 c. à s. d'huile d'olive vierge extra • sel • poivre

❶ Épluchez et hachez l'oignon. Faites chauffer la moitié de l'huile dans une poêle et faites-y fondre l'oignon pendant 5 minutes en remuant. Ajoutez le miel. Salez, poivrez et laissez caraméliser à feu moyen pendant 2 ou 3 minutes. Arrosez ensuite de vinaigre de vin et faites réduire à feu vif pendant 2 minutes, puis laissez refroidir. ❷ Mélangez la viande avec du sel et du poivre dans un plat creux et façonnez-la en 6 steaks. Faites chauffer l'huile restante dans une poêle et faites-y cuire les steaks à feu moyen pendant 10 minutes environ. ❸ Coupez vos pains en deux et toastez-les. ❹ Tartinez chaque demi-pain de sauce aigre-douce. Répartissez la salade sur la moitié inférieure de chaque burger. Couvrez d'un steak, d'une tranche de cheddar et des oignons caramélisés. Refermez les burgers et dégustez aussitôt.

**Variante :** remplacez le bœuf par de l'agneau ou du porc. Pour une préparation encore plus riche en goût, remplacez le cheddar par 6 tranches de gouda au cumin.

# Burger au beurre d'ail

4 · 15 min · 20 min

4 pains à burgers • 4 steaks hachés de bœuf • 4 belles feuilles de laitue • 4 gros cornichons
**Pour le beurre d'ail :** 2 gousses d'ail • 110 g de beurre ramolli • 1 pincée de persil frais haché • 1 c. à s. de jus de citron • 1 pincée de poivre moulu

❶ Pelez et hachez les gousses d'ail. Faites fondre une noix de beurre dans une poêle et faites-y revenir l'ail, puis incorporez le tout au beurre restant, en même temps que le persil, le jus de citron et le poivre. Façonnez cette préparation en un boudin, enveloppez-le de film alimentaire et placez-le dans le congélateur. ❷ Une fois que le beurre a figé, coupez-le en rondelles d'un demi-centimètre d'épaisseur. Glissez une tranche au cœur de chaque steak, puis faites-les cuire à la poêle pendant 12 à 15 minutes, en les retournant à mi-cuisson. ❸ Coupez les pains en deux et toastez-les. ❹ Glissez un steak dans chaque burger et garnissez des feuilles de laitue et d'un cornichon en lamelles. Dégustez aussitôt.

## Burger au bleu

4 | 20 min | 5 min

4 pains à burgers • 500 g de viande de bœuf hachée • 1 oignon rouge • 4 c. à s. de sauce aux herbes (voir recette p. 135) • 200 g de fromage bleu • 4 belles feuilles de salade

❶ Divisez la viande hachée en 4 portions et façonnez-les en steaks. Faites-les griller à la poêle sur toutes les faces. ❷ Épluchez et émincez l'oignon. Versez la sauce aux herbes dans un bol et mélangez-y un peu de fromage bleu. ❸ Écrasez le fromage restant à la fourchette dans une assiette creuse. Réchauffez les pains au four. ❹ Étalez un peu de sauce aux herbes sur la moitié inférieure de chaque pain. Garnissez ensuite chaque burger d'une feuille de salade, d'un steak encore chaud, de fromage bleu écrasé (il doit commencer à fondre au contact de la viande) et d'oignon émincé. Fermez chaque burger et dégustez aussitôt.

## Burger saveur café

🍔 4    🔪 15 min    🍳 20 min

4 pains à burgers • 450 g de viande de bœuf hachée • 2 gousses d'ail • 2 oignons • 4 brins de thym frais • 2 c. à s. de beurre • 4 tranches de cheddar • 2 c. à s. de sauce barbecue (voir recette p. 136) • sel • poivre
**Pour le mélange au café :** 1 c. à s. de café moulu • 3 c. à s. de cassonade • 2 c. à thé de poivre noir concassé • ½ c. à thé de coriandre fraîche finement hachée • ½ c. à thé d'origan séché • sel

---

❶ Pelez et hachez les gousses d'ail. Épluchez les oignons et coupez-les en rondelles. Effeuillez le thym. Mettez le beurre, l'ail, l'oignon et le thym sur une plaque de four et enfournez pour environ 10 minutes à 260 °C (th. 8-9), jusqu'à ce que les oignons soient colorés. ❷ Dans un bol, mélangez tous les ingrédients du mélange au café. ❸ Dans un plat creux, mélangez le bœuf, du sel et du poivre. Façonnez en 4 steaks. Frottez intégralement chaque steak avec le mélange au café. Glissez-les sous le gril du four et faites-les cuire pendant 10 minutes environ, en les retournant à mi-cuisson. Couvrez chaque steak d'une tranche de fromage et laissez fondre légèrement. ❹ Coupez les pains en deux et toastez-les. Tartinez chaque moitié de sauce barbecue. Déposez un steak sur la moitié inférieure de chaque burger, puis recouvrez de garniture aux oignons. Refermez les burgers et dégustez aussitôt.

# Burger chic de carpaccio de bœuf & haricots verts

👥 6   🥄 15 min   🍳 15 min

6 pains à burgers • 400 g de filet de bœuf détaillé en carpaccio • 400 g de haricots verts surgelés • 3 tomates • 3 oignons nouveaux • 6 c. à s. de moutarde douce • 100 g de roquette • 30 g de copeaux de parmesan • 3 cl d'huile d'olive vierge extra • sel • poivre

❶ Dans une grande casserole d'eau bouillante salée, mettez les haricots verts et faites cuire 12 minutes pour qu'ils soient fermes, 15 minutes si vous les aimez fondants. Égouttez-les soigneusement et rincez-les aussitôt sous un filet d'eau froide. ❷ Disposez les tranches de carpaccio de bœuf sur un plat et arrosez-les d'huile d'olive. Salez et poivrez. Lavez les tomates, équeutez-les, puis coupez-les en tranches. Retirez la première peau des oignons nouveaux et coupez-les en lamelles. ❸ Coupez chaque pain à burgers en deux et réchauffez-les au four. Badigeonnez chaque moitié des pains à burgers de moutarde douce. Disposez ensuite sur la moitié inférieure de chaque pain, en couches successives, des tranches de tomates, des haricots verts, des lamelles d'oignons nouveaux, des tranches de carpaccio et de la roquette. Terminez le montage en parsemant chaque demi-pain garni de copeaux de parmesan. Refermez les burgers et dégustez aussitôt.

**Variante :** vous pouvez remplacer le carpaccio de bœuf par de fines tranches de coppa ou de fines lamelles de filet de poulet froid.

# Burger « dolce vita »

🍔 6    🔪 20 min    🔲 20 min

6 pains à burgers • 900 g de viande de bœuf hachée • 3 tomates • 2 gousses d'ail • 18 feuilles de basilic frais • 80 g de pecorino en bloc • 4 c. à s. de mayonnaise (voir recette p. 129) • 12 fines tranches de pancetta • 100 g de roquette • 3 c. à s. d'huile d'olive vierge extra • sel • poivre

❶ Coupez les tomates en tranches moyennes. Pelez et hachez l'ail. Ciselez le basilic. Coupez le pecorino en copeaux. ❷ Dans un bol, mélangez la mayonnaise, l'ail et le basilic. ❸ Faites griller la pancetta à sec dans une poêle pendant 2 minutes à feu moyen. ❹ Dans un plat creux, mélangez la viande, du sel et du poivre et façonnez-la en 6 steaks. Faites chauffer l'huile dans une poêle et faites-y cuire les steaks pendant 10 minutes environ, en les retournant à mi-cuisson. ❺ Coupez les pains en deux et toastez-les. Tartinez chaque demi-pain de mayonnaise au basilic. Répartissez la roquette sur la moitié inférieure de chaque burger. Déposez un steak, puis quelques rondelles de tomate et 2 tranches de pancetta. Parsemez de pecorino et refermez les burgers. Dégustez aussitôt.

## Burger exotique au porc

🍽 4　🔪 15 min　⏲ 10 min

4 pains à burgers • 400 g de viande porc hachée • 2 gousses d'ail • 60 g de flocons d'avoine • 1 c. à s. de graines de sésame • 1 c. à s. de sauce soja • 1 c. à c. de gingembre frais râpé • 2 c. à s. de sauce aux prunes • 1 c. à s. d'huile • sel • poivre
**Pour la garniture :** 1 c. à s. d'huile de sésame • ½ poivron rouge émincé • 2 oignons verts émincés • 200 g d'épinards frais et hachés • sel • poivre

❶ **Préparez les steaks :** pelez et écrasez l'ail. Dans un grand plat creux, mélangez-le avec la viande, les flocons d'avoine, les graines de sésame, la sauce soja, le gingembre, du sel et du poivre. Façonnez la préparation en 4 steaks. ❷ Faites chauffer l'huile dans une poêle et faites-y cuire les steaks à feu moyen pendant 4 minutes sur chaque face. Un peu avant la fin de la cuisson, badigeonnez-les entièrement de sauce aux prunes. ❸ **Préparez la garniture :** faites chauffer l'huile de sésame dans une poêle et faites-y fondre le poivron rouge et les oignons verts. Ajoutez les épinards et faites cuire rapidement le tout sans cesser de remuer. Salez, poivrez et retirez du feu. ❹ Coupez les pains en deux et toastez-les. Déposez un steak sur chacune des moitiés inférieures des pains. Couvrez de garniture, fermez les burgers et dégustez aussitôt.

**Conseil :** l'huile de sésame étant assez forte en goût, utilisez-la avec parcimonie. Si vous n'en avez pas, remplacez-la par de l'huile d'arachide.

## Burger façon confit
6 • 25 min • 40 min

**6 pains à burgers • 4 cuisses de canard confites avec leur graisse • 500 à 600 g de pommes de terre • 2 c. à s. de mayonnaise (voir recette p. 129) • 1 c. à s. de moutarde • 6 belles feuilles de salade en lanières • sel • poivre**

❶ Déposez les cuisses de canard et un peu de graisse dans un plat à four. Enfournez pour 20 minutes environ à 160 °C (th. 5-6). ❷ Épluchez les pommes de terre et coupez-les en fines rondelles. Rincez-les sous l'eau chaude, puis faites-les cuire à la poêle avec 2 cuillerées à soupe de graisse de canard, du sel et du poivre pendant environ 20 minutes. ❸ Mélangez la mayonnaise et la moutarde dans un bol. ❹ Ôtez la peau des cuisses et effilochez la chair. Réservez au chaud dans le plat avec un peu de graisse. ❺ Coupez les pains en deux et toastez-les. Tartinez de mayonnaise la moitié inférieure de chaque pain, puis recouvrez des rondelles de pommes de terre. Répartissez ensuite la chair de canard et la salade. Fermez les burgers et dégustez aussitôt.

# Burger façon « Oktoberfest »

🍽 4   🥄 10 min   ⏲ 1 h   🔥 20 min

4 pains à burgers • la chair de 3 saucisses nature • 1 oignon • 1 c. à s. de moutarde forte • bière blonde • 4 tranches de cheddar • 1 c. à s. de moutarde à l'ancienne • 100 g de choucroute au vin blanc chaude

❶ Épluchez et hachez l'oignon. Faites-le revenir dans une casserole jusqu'à ce qu'il soit tendre. Ajoutez la chair des saucisses et la moutarde forte. Faites cuire pendant quelques minutes, puis retirez du feu. Façonnez cette préparation en 4 galettes. Déposez-les dans un plat, couvrez de bière blonde et laissez mariner pendant 1 heure. ❷ Faites cuire les galettes à la poêle pendant 10 à 12 minutes, en les retournant à mi-cuisson. Couvrez-les d'une tranche de cheddar et laissez légèrement fondre. ❸ Coupez les pains en deux et réchauffez-les au four. Tartinez chaque demi-pain de moutarde à l'ancienne, puis garnissez chaque burger d'une galette. Répartissez la choucroute, refermez les burgers et dégustez aussitôt.

# Burger au foie gras

👥 4 • 🔪 10 min • ⏲ 20 min

4 pains à burgers • 450 g de viande canard hachée • 5 pruneaux • 1 c. à c. de piment en poudre • 2 c. à s. de chapelure • 2 oignons • 2 c. à s. de vinaigre de framboise • 4 tranches de foie gras au torchon • quelques feuilles de roquette • 1 c. à s. de beurre • sel • poivre

❶ Dénoyautez les pruneaux et hachez-les. Dans un plat creux, mélangez-les avec le canard, le piment, la chapelure, du sel et du poivre. Façonnez la préparation en 4 steaks. ❷ Épluchez et émincez les oignons. Faites fondre le beurre dans une casserole et faites-y colorer les oignons, puis déglacez au vinaigre. Mouillez avec 12,5 cl d'eau, salez et poivrez. Couvrez et poursuivez la cuisson pendant 5 minutes, puis découvrez et laissez réduire jusqu'à évaporation du liquide. ❸ Faites cuire les steaks à la poêle pendant 8 à 10 minutes, en les retournant à mi-cuisson. ❹ Coupez les pains en deux et réchauffez-les au four. Garnissez chaque burger d'un steak puis, dans l'ordre, d'une tranche de foie gras, d'oignons caramélisés et de roquette. Fermez les burgers et dégustez aussitôt.

# Burger gourmand

🍽 4 • ⏱ 10 min • 🔥 20 min

4 pains à burgers • 450 g de viande de bœuf hachée • 1 oignon • 2 gousses d'ail • 1 poivron vert • 18 cl de sauce tomate • 1,5 cl de concentré de tomate • 12,5 cl de sauce barbecue (voir recette p. 136) • 1 c. à c. de sauce Worcestershire (voir recette p. 147) • 1 c. à c. de paprika en poudre • 6 à 8 gouttes de Tabasco® • 1 c. à s. d'huile • sel • poivre

❶ Épluchez et émincez l'oignon. Pelez et hachez l'ail. Coupez le poivron en deux, éliminez les graines ainsi que les filaments blancs et durs. Coupez sa chair en dés. ❷ Faites chauffer l'huile dans une poêle et faites-y revenir l'oignon, l'ail et le poivron jusqu'à ce qu'ils soient tendres. ❸ Ajoutez la viande et poursuivez la cuisson jusqu'à ce qu'elle brunisse. Salez, poivrez et incorporez la sauce tomate, le concentré de tomate, la sauce barbecue, la sauce Worcestershire, le paprika et le Tabasco®. Laissez mijoter pendant encore 10 minutes environ, jusqu'à épaississement. ❹ Coupez les pains en deux et réchauffez-les au four. Garnissez-les de la préparation, fermez les burgers et dégustez aussitôt.

# Burger de haricots noirs

🍽 4   🔪 15 min   ⏲ 15 min

4 pains à burgers • 540 g de haricots noirs • 1 oignon • 250 g de riz brun cuit • 1 trait de Tabasco® • 1 œuf • 6 cl de chapelure • 9 cl de sauce salsa (voir recette p. 144) • 30 g de yaourt nature • 4 belles feuilles de laitue • 4 lamelles d'avocat

❶ Épluchez et hachez l'oignon. Rincez et égouttez les haricots noirs. Mettez ces derniers dans un mortier et écrasez-les au pilon. Transvasez dans un plat creux et mélangez-les avec l'oignon haché, le riz brun cuit, le Tabasco®, l'œuf, la chapelure et 2 cuillerées à soupe de sauce salsa. ❷ Façonnez la préparation en 4 galettes. Faites-les dorer à la poêle à feu moyen pendant 4 ou 5 minutes sur chaque face. Enfournez-les ensuite pendant 10 minutes environ à 180 °C (th. 6). ❸ Mélangez le yaourt et le reste de sauce salsa dans un bol. ❹ Coupez les pains en deux et tartinez-les de sauce au yaourt. Garnissez-les d'une galette de haricots noirs, d'une feuille de laitue et d'une lamelle d'avocat. Refermez les burgers et dégustez aussitôt

# Burger « made in France » au camembert rôti

👥 4   🔪 15 min   🔲 10 min

4 pains à burgers • 4 steaks hachés de poulet • 2 camemberts • 3 c. à s. de miel liquide • 4 c. à s. de sauce tomate • 1 sachet de mâche • 1 c. à c. d'huile d'olive vierge extra • sel • poivre

❶ Dans une poêle, faites chauffer l'huile d'olive. Faites-y cuire les steaks hachés de volaille sur toutes les faces, jusqu'à ce qu'ils soient cuits à cœur. Salez et poivrez. Réservez au chaud. ❷ Coupez chaque camembert en deux et arrosez chaque moitié de miel liquide. Disposez-les ensuite sur une plaque de four préalablement garnie de papier cuisson. Placez la plaque sous le gril du four et faites griller pendant 3 à 5 minutes, jusqu'à ce que le fromage soit coulant et joliment doré. ❸ Coupez les pains en deux et réchauffez-les au four. Badigeonnez la moitié inférieure de chaque burger de sauce tomate, puis répartissez un petit peu de mâche. Ajoutez un steak de poulet, puis un demi-camembert encore chaud. ❹ Présentez les demi-burgers ainsi garnis et leurs moitiés supérieures côte-à-côte dans une assiette. Dégustez aussitôt.

## Burger aux légumes du soleil

👥 4   🥄 10 min   🍳 15 min

4 pains à burgers • 4 steaks hachés de bœuf • 2 carottes • 1 courgette • ½ poivron rouge • 1 tomate • 4 c. à s. de fromage frais à l'ail et aux fines herbes • 2 c. à s. d'huile d'olive vierge extra • sel • poivre

❶ **Préparez les légumes :** épluchez et rincez les carottes et émincez-les finement. Lavez la courgette puis, sans l'éplucher, émincez-la finement. Éliminez les graines et les parties blanches du demi-poivron, puis émincez-le finement. Versez l'huile d'olive dans une poêle et faites chauffer. Faites-y revenir tous les légumes pendant quelques minutes. ❷ Coupez les pains en deux et réchauffez-les au four. ❸ Mettez les steaks hachés dans une poêle et faites-les rapidement cuire sur toutes les faces. Salez, poivrez. ❹ Tartinez chaque moitié de pain à burgers de fromage frais à l'ail et aux herbes. Sur la moitié inférieure de chaque burger, déposez un steak haché, puis répartissez les légumes par-dessus. Refermez les burgers et dégustez aussitôt.

**Astuce minceur :** si vous remplacez les petits steaks hachés de bœuf par de la viande de veau fraîchement hachée et que vous privilégiez un fromage frais allégé, vous obtiendrez ainsi un véritable burger « minceur » hyper-savoureux et sans risque pour votre ligne.

## Burger magret & foie gras

4 · 15 min · 5 min

4 pains à burgers • 8 tranches de magret de canard séché • 4 escalopes de foie gras de canard • 1 pomme • 4 belles feuilles de salade • 4 c. à s. de confiture d'oignon chaude

**❶** Dans une poêle, faites cuire à sec les escalopes de foie gras pendant 2 minutes sur chaque face. À la fin de la cuisson, déposez 2 tranches de magret sur chaque escalope. **❷** Coupez les pains en deux et réchauffez-les au four. Épluchez et évidez la pomme. Coupez-la en quartiers, puis en tranches. **❸** Tartinez un peu de confiture d'oignon sur la moitié inférieure de chaque pain. Ajoutez ensuite quelques tranches de pomme, une escalope de foie gras avec ses magrets et une feuille de salade. Fermez les burgers et dégustez aussitôt.

## Burger de poulet grillé à l'orange

🍽 4  🥄 15 min  ⏲ 10 min  🔥 15 min

4 pains à burgers • 4 poitrines de poulet sans les os ni la peau • 3 c. à s. de mayonnaise (voir recette p. 129) • 4 belles feuilles de laitue • 1 oignon rouge
**Pour la marinade :** 3 oignons verts • 1 gousse d'ail • 1 c. à s. de zeste d'orange bio finement râpé • 6 cl de jus d'orange • ½ c. à c. de gingembre frais moulu • 1 c. à c. de sauce soja • sel

---

❶ **Préparez la marinade.** Pelez et hachez finement les oignons verts. Pelez et hachez la gousse d'ail. Dans un grand bol, mettez l'ail et l'oignon, puis ajoutez le zeste d'orange, le jus d'orange, le gingembre moulu, la sauce soja et une toute petite pointe de sel. Mélangez le tout au fouet. Incorporez les poitrines de poulet et retournez-les de manière à bien les enrober sur toutes les faces. Laissez ainsi mariner pendant 10 minutes. ❷ À l'issue de ce temps de marinade, faites griller les morceaux de volaille au barbecue (ou sous le gril du four) en les badigeonnant régulièrement de marinade et en les retournant de manière à bien les faire cuire sur toutes les faces. Les morceaux de poulet sont cuits lorsqu'ils ont perdu leur teinte rosée au cœur (soit environ 10 minutes). ❸ Coupez les pains en deux et réchauffez-les au four puis badigeonnez-les de mayonnaise. Détaillez l'oignon rouge en 8 fines lamelles. Déposez une feuille de laitue sur la moitié inférieure de chaque pain, puis 1 morceau de volaille et 2 lamelles d'oignon rouge. Refermez les burgers et dégustez aussitôt.

## Burger aux quatre fromages

4    15 min    10 min

4 pains à burgers • 4 tranches de cheddar • 100 g de fromage de chèvre frais • 4 rondelles de tomate • 4 tranches de fromage suisse • 4 c. à s. de parmesan râpé

**Pour les steaks :** 450 g de viande de bœuf hachée • 1 échalote • 1 gousse d'ail • 1 c. à s. de ketchup (voir recette p. 127) • 1 c. à s. de sauce Worcestershire (voir recette p. 147) • 1 c. à s. de parmesan râpé • sel • poivre

❶ **Préparez les steaks :** épluchez et hachez l'échalote et l'ail. Dans un grand plat creux, mélangez-les avec le bœuf, le ketchup, la sauce Worcestershire, le parmesan râpé, du sel et du poivre. Façonnez cette préparation en 4 steaks et faites-les cuire à la poêle, sur une seule face, pendant

5 minutes. ❷ Retournez les steaks et déposez sur chacun d'eux, dans l'ordre : une tranche de cheddar, un peu de fromage de chèvre, une rondelle de tomate, une tranche de fromage suisse et du parmesan râpé. Poursuivez la cuisson pendant 5 minutes. ❸ Coupez les pains en deux et toastez-les. Garnissez chaque pain d'un steak et de sa garniture, refermez les burgers et dégustez aussitôt.

# Burger raclette

6 | 20 min | 30 min | 15 min

**6 pains à burgers • 900 g de viande de bœuf hachée • 10 cl de crème fraîche liquide • 200 g de fromage à raclette écroûté • 3 gros cornichons • 6 belles feuilles de salade en lanières • 3 c. à s. d'huile • sel • poivre**

❶ Dans une casserole, faites bouillir la crème. Ajoutez 40 g de fromage à raclette et, sans cesser de mélanger, faites bouillir le tout pendant encore 5 minutes, pour que le fromage fonde. Versez dans un bol et laissez durcir au réfrigérateur pendant 25 à 30 minutes. ❷ Coupez le reste du fromage en 6 tranches. Émincez finement les cornichons. Dans un plat creux, mélangez la viande avec du sel et du poivre et façonnez-la en 6 steaks. ❸ Faites chauffer l'huile dans une poêle et faites-y cuire les steaks pendant 8 à 10 minutes à feu moyen, en les retournant à mi-cuisson. ❹ Coupez les pains en deux et toastez-les. Tartinez chaque demi-pain de sauce au fromage. Répartissez la salade sur la moitié inférieure de chaque burger, puis posez-y un steak. Couvrez de tranches de cornichon, puis d'une tranche de fromage à raclette. Fermez les burgers et dégustez aussitôt.

# Burger Rossini

🍴 4    🥄 15 min    ⏲ 15 min

---

4 pains à burgers • 450 g de viande de bœuf hachée • 6 cl de madère • 5 cl de fond de veau brun • 1 c. à s. de pâte de truffe • ½ c. à c. de vinaigre de xérès • 1 c. à s. de beurre • 4 escalopes de foie gras de 1 cm d'épaisseur • quelques lamelles de truffe fraîche • sel • poivre

---

❶ Dans un plat creux, mélangez la viande avec du sel et du poivre et façonnez-la en 4 steaks. Faites-les griller à la poêle pendant 10 à 12 minutes, en les retournant à mi-cuisson. Réservez au chaud. ❷ Déglacez la poêle avec le madère. Versez le fond de veau, la pâte de truffe et le vinaigre. Faites réduire jusqu'à obtention d'une sauce onctueuse. Ajoutez le beurre sans cesser de fouetter, salez et poivrez. Remettez les steaks dans la poêle afin de les enrober de sauce. ❸ Dans une autre poêle, saisissez à sec et à feu très vif les escalopes de foie gras pendant 10 secondes sur chaque face. ❹ Coupez les pains en deux et toastez-les. Garnissez chaque pain d'un steak et d'une escalope de foie gras. Nappez légèrement de sauce, parsemez de lamelles de truffe et refermez les burgers. Dégustez aussitôt.

# Burger « Riviera italienne »

4 • 10 min • 15 min

4 pains à burgers • 450 g de viande de veau hachée • 2 c. à s. de chapelure • 2 c. à s. de parmesan râpé • 2 c. à s. de ciboulette fraîche hachée • 1 c. à s. d'huile d'olive vierge extra • 6 feuilles de basilic frais • 2 c. à s. de mayonnaise (voir recette p. 129) • 1 trait de jus de citron • 4 rondelles d'aubergine • 8 tranches de pancetta • 4 rondelles de tomate • 8 tranches de mozzarella • sel • poivre

❶ Dans un plat, mélangez la viande, la chapelure, le parmesan, la ciboulette, du sel et du poivre. Façonnez la préparation en 4 steaks. ❷ Mixez l'huile et le basilic au robot jusqu'à obtention d'une purée. Incorporez la mayonnaise et le jus de citron. ❸ Faites cuire les steaks à la poêle pendant 10 à 12 minutes, en les retournant à mi-cuisson. Huilez légèrement les rondelles d'aubergine et faites-les griller 3 secondes sur chaque face. Faites griller la pancetta pendant environ 30 secondes. ❹ Coupez les pains en deux et réchauffez-les au four. Tartinez chaque demi-pain de mayonnaise au basilic, puis répartissez la pancetta. Ajoutez un steak, puis couvrez de mozzarella, d'aubergine et de tomate. Fermez les burgers et dégustez aussitôt.

# Burger rustique « tout cochon »

🍽 6   🔪 35 min   🍳 20 min

6 pains à burgers • 900 g de viande de porc hachée • 12 tranches de lard fumé • 1 camembert • 3 c. à s. de mayonnaise (voir recette p. 129) • 1 c. à s. de moutarde • 6 belles feuilles de salade en morceaux • 2 ou 3 c. à s. d'huile d'olive vierge extra • sel • poivre

❶ Salez et poivrez la viande dans un plat et façonnez-la en 6 steaks. Faites chauffer l'huile dans une poêle et faites-y cuire les steaks pendant 12 à 15 minutes, en les retournant à mi-cuisson. Retirez-les de la poêle et réservez-les au chaud. ❷ Retirez la graisse de la poêle, puis faites-y griller les tranches de lard pendant 3 ou 4 minutes, en les retournant à mi-cuisson. ❸ Coupez le camembert en 12 lamelles de 5 ou 6 mm d'épaisseur. Mélangez la mayonnaise et la moutarde dans un bol. ❹ Coupez les pains en deux et toastez-les. Tartinez les demi-pains de mayonnaise. Répartissez la salade sur la moitié inférieure de chaque pain. Ajoutez un steak, puis le lard et le camembert. Fermez les burgers et dégustez aussitôt.

**Conseil:** pour un burger encore plus rustique, utilisez de la moutarde à l'ancienne.

# Burger sauvage aux quatre sauces

🍽 4   🥄 10 min   🔥 20 min

4 pains à burgers • 450 g de viande de bœuf hachée • 10 petits cornichons • ½ oignon • 1 jaune d'œuf • 2 c. à s. de jus de citron • 1 c. à s. de ketchup (voir recette p. 127) • 1 c. à s. de moutarde forte • 1 c. à c. de sauce Worcestershire (voir recette p. 147) • 6 à 8 gouttes de Tabasco® • 6 cl d'huile d'olive vierge extra • 2 c. à s. de persil frais haché • 4 feuilles de salade • 4 rondelles de tomate • sel • poivre

❶ Hachez les cornichons. Épluchez et hachez l'oignon. ❷ Dans un plat creux, fouettez le jaune d'œuf, le jus de citron, le ketchup, la moutarde, la sauce Worcestershire et le Tabasco® pendant 2 minutes. Tout en fouettant, incorporez l'huile en filet pour obtenir une sauce onctueuse. ❸ Incorporez les cornichons, l'oignon, le persil, la viande, du sel et du poivre. Façonnez cette préparation en 4 steaks et faites-les cuire à la poêle pendant 15 minutes, en les retournant à mi-cuisson. ❹ Coupez les pains en deux et réchauffez-les au four. Garnissez chaque pain d'une feuille de salade, puis d'un steak. Ajoutez une rondelle de tomate et fermez les burgers. Dégustez aussitôt.

## Burger tex-mex

👥 6  🔪 30 min  ⏲ 20 min

6 pains à burgers • 900 g de viande de bœuf hachée • 2 poivrons (1 rouge et 1 vert) • 2 gousses d'ail • 2 oignons • ½ c. à s. de paprika en poudre • 6 c. à c. bombées de sauce chili (voir recette p. 141) • 6 tranches de cheddar • 6 c. à s. d'huile • sel • poivre

❶ Coupez les poivrons en deux et éliminez les graines ainsi que les parties blanches. Coupez la chair en fines lanières. Pelez et hachez les gousses d'ail. Épluchez les oignons et émincez-les. ❷ Faites chauffer la moitié de l'huile dans une poêle et faites-y revenir les poivrons, l'ail et les oignons à feu doux à moyen, sans cesser de remuer, pendant 10 minutes environ. Salez. ❸ Dans un grand plat creux, mélangez la viande avec le paprika, du sel et du poivre et façonnez-la en 6 steaks. Faites chauffer l'huile restante dans une poêle et faites-y cuire les steaks pendant 8 à 10 minutes, en les retournant à mi-cuisson. ❹ Coupez les pains en deux et réchauffez-les au four. Tartinez chaque demi-pain de sauce chili. Sur la moitié inférieure de chaque burger, répartissez un peu de la préparation aux poivrons. Couvrez d'un steak, puis d'une tranche de cheddar. Recouvrez d'un peu de préparation aux poivrons, puis fermez les burgers et dégustez aussitôt.

**Conseil :** variez la couleur des poivrons pour modifier la saveur de votre burger. Les poivrons rouges, jaunes et orange sont plus doux que les verts. Pour des burgers plus relevés, augmentez légèrement la proportion de sauce chili.

## Burger de tofu

6 • 15 min • 10 min

6 pains à burgers • 225 g de tofu ferme • 1 carotte • ½ poivron vert • ½ oignon • 2 œufs battus • 15 g de parmesan râpé • 15 g de chapelure • 1 c. à s. de farine • 1 c. à s. de sauce soja • 1 c. à c. d'huile • sel • poivre

❶ Râpez la carotte. Éliminez les petites graines ainsi que les parties blanches du poivron, puis hachez-le finement. Épluchez et hachez l'oignon. Émiettez le tofu. ❷ Dans un grand plat creux, mettez la moitié de la carotte râpée, la moitié du poivron haché et la moitié de l'oignon émincé, et ajoutez-y les œufs, le parmesan, la chapelure, la farine, la sauce soja, l'huile, du sel et du poivre. Mélangez jusqu'à obtenir une préparation homogène. ❸ Façonnez cette préparation en 6 galettes. Faites chauffer un peu d'huile dans une poêle et faites-y cuire les galettes sur toutes les faces. ❹ Ouvrez les pains en deux et garnissez-les d'une galette encore chaude. Répartissez le restant de carotte, de poivron et d'oignon. Refermez et dégustez aussitôt.

# Burger « Triple cheese »

👥 4   🥄 20 min   💤 30 min   🔥 5 min

4 pains à burgers • 200 g de filet de poulet sans la peau • 1 oignon • 2 brins d'estragon frais • 200 g de jambon blanc • 1 jaune d'œuf • 4 tranches de fromage de brebis • 4 tranches de cheddar • 4 tranches d'emmental • 4 belles feuilles de salade • 4 rondelles de tomate • 4 c. à c. de sauce aux herbes (voir recette p. 135) • 1 c. à s. d'huile d'olive vierge extra • sel • poivre

❶ Épluchez et émincez grossièrement l'oignon. Mixez-le au robot avec le poulet, l'estragon, le jambon, le jaune d'œuf, du sel et du poivre jusqu'à obtenir une préparation homogène. Réservez au frais pendant 30 minutes. ❷ Façonnez la préparation en 4 steaks. Faites chauffer l'huile dans une poêle et faites-y cuire les steaks sur toutes les faces. ❸ Coupez les pains en deux et réchauffez-les au four. Garnissez chaque pain, dans l'ordre, d'une tranche de fromage de brebis, d'une tranche de cheddar, d'une galette de volaille et d'une tranche d'emmental. Ajoutez une feuille de salade et une rondelle de tomate, puis terminez par la sauce aux herbes. Dégustez aussitôt.

# Burger de veau à l'italienne

👥 6   🥄 35 min   ⏲ 12 min

**6 pains à burgers • 6 fines escalopes de veau • 1 aubergine • 3 c. à s. de mayonnaise (voir recette p. 129) • le jus de 1 citron • 100 g de pecorino • 18 quartiers de tomates séchées à l'huile d'olive • 4 feuilles de salade en morceaux • 6 c. à s. d'huile d'olive vierge extra • sel • poivre**

❶ Coupez l'aubergine en fines rondelles. Faites chauffer la moitié de l'huile dans une poêle et faites-y cuire les rondelles d'aubergine pendant 6 à 8 minutes à feu moyen, en les retournant à mi-cuisson. Salez et poivrez. ❷ Mélangez la mayonnaise et la moitié du jus de citron dans un bol. ❸ Coupez les escalopes de veau en morceaux de la taille d'une bouchée, puis salez et poivrez. Faites chauffer le reste de l'huile dans une poêle et saisissez-y les morceaux de viande pendant 4 minutes à feu moyen, en les retournant à mi-cuisson. Retirez du feu, arrosez du reste de jus de citron et réservez au chaud. ❹ Taillez le pecorino en copeaux. Égouttez les tomates. ❺ Coupez les pains en deux et toastez-les. Tartinez les demi-pains de mayonnaise. Répartissez la salade sur la moitié inférieure de chaque pain, puis déposez l'aubergine. Répartissez ensuite le veau et les tomates séchées. Parsemez de pecorino, refermez les burgers et dégustez aussitôt.

# Cheeseburger aux champignons

👥 4   🥄 15 min   🔲 5 min

4 pains à burgers au sésame • 300 g de viande de bœuf hachée • 2 gros champignons blancs • 1 c. à c. de concentré de tomate • 1 c. à c. d'origan séché • 4 tranches de cheddar • 4 belles feuilles de laitue • quelques rondelles de tomate • ketchup (voir recette p. 127) • sel • poivre

❶ Coupez les pieds terreux des champignons, puis nettoyez-les en les frottant avec une feuille de papier absorbant légèrement humide. Coupez-les en petits morceaux. ❷ Dans un grand plat creux, mélangez la viande avec les champignons, le concentré de tomate, l'origan, du sel et du poivre. Façonnez cette préparation en 4 steaks et faites-les cuire à la poêle. Un peu avant la fin de la cuisson, couvrez chaque steak d'une tranche de fromage : elle doit commencer à fondre. ❸ Coupez vos pains en deux et toastez-les. ❹ Garnissez chaque petit pain d'un steak, d'une feuille de laitue et de quelques rondelles de tomate. Ajoutez du ketchup. Dégustez aussitôt, bien chaud.

# Chickenburger à la mexicaine

🍪 4   ✎ 20 min   ⏲ 10 min

4 pains à burgers au sésame • 1 blanc de poulet • ½ poivron rouge • sauce mexicaine (voir recette p. 143) • quelques gouttes de Tabasco® • 30 g de grains de maïs cuits • 4 tranches de cheddar • huile

❶ Coupez le blanc de poulet en petits dés. Éliminez les graines et les parties blanches du poivron, puis coupez-le en fines lanières. ❷ Faites chauffer un peu d'huile dans une poêle et faites-y colorer les dés de poulet sur toutes les faces. Ajoutez la sauce mexicaine, mélangez et laissez mijoter à feu doux. Assaisonnez de Tabasco®. ❸ Coupez les pains en deux et toastez-les. Garnissez chaque pain avec la préparation au poulet, puis ajoutez du poivron et des grains de maïs. Recouvrez d'une tranche de fromage. Passez les burgers sous le gril du four pour faire légèrement fondre le fromage. Refermez et dégustez aussitôt, bien chaud.

**Conseil:** accompagnez ces burgers d'un vin mexicain corsé.

## Chickenburger au curry

🍽 6    🔪 25 min    🍳 15 min

6 pains à burgers • 900 g de viande de poulet hachée • 1 petit oignon • 1 gousse d'ail • 1 aubergine • 1 c. à s. bombée de curry en poudre • 4 c. à s. de mayonnaise (voir recette p. 129) • 6 feuilles de salade en lanières • 6 tranches de cheddar • 10 cl d'huile d'olive vierge extra • sel • poivre

❶ Épluchez et émincez l'oignon. Pelez et hachez l'ail. Coupez l'aubergine en rondelles de 4 à 5 mm d'épaisseur. ❷ Dans un plat creux, mélangez le poulet, l'oignon, l'ail, du sel et du poivre. Façonnez cette préparation en 6 steaks. ❸ Faites chauffer la moitié de l'huile dans une poêle et faites-y revenir les rondelles d'aubergine pendant 8 à 10 minutes, en les retournant à mi-cuisson. Salez et poivrez. Retirez de la poêle et réservez. ❹ Faites chauffer l'huile restante dans la poêle et faites-y revenir les steaks pendant 15 minutes environ, en les retournant à mi-cuisson. En fin de cuisson, saupoudrez-les de la moitié du curry. ❺ Mélangez la mayonnaise et le reste du curry dans un bol. ❻ Coupez les pains en deux et réchauffez-les au four. Tartinez chaque demi-pain de mayonnaise au curry. Répartissez la salade, puis l'aubergine. Déposez un steak, puis recouvrez d'une tranche de cheddar. Refermez les burgers et dégustez aussitôt.

**Variante :** variez les plaisirs en remplaçant le poulet par la même quantité de viande d'agneau.

# LES BAGELS

•

## Bagel saumon et cream cheese

4 | 10 min | 3 min

4 pains à bagels • 4 fines tranches de saumon fumé • 200 g de cream cheese • 1 tomate • 15 g de câpres égouttées

❶ Coupez les bagels en deux et toastez-les. Tartinez chaque demi-bagel de cream cheese. ❷ Coupez la tomate en rondelles. Répartissez les câpres sur la moitié inférieure de chaque bagel. Ajoutez ensuite le saumon fumé et les rondelles de tomate. ❸ Fermez les bagels et dégustez aussitôt.

Conseil : très simple à réaliser, cette préparation représente le bagel traditionnel par excellence. Si vous ne trouvez pas de cream cheese, vous pouvez le remplacer par la même quantité de fromage frais, éventuellement agrémenté d'aneth frais finement ciselé. Ces bagels seront encore meilleurs avec des pains saupoudrés de graines de sésame.

# Bagel comme à New York

4 | 10 min | 3 min

4 pains à bagels • 4 tranches de pastrami • 4 belles feuilles de laitue en lanières • 2 ou 3 c. à s. de mayonnaise (voir recette p. 129) • 4 gros cornichons • moutarde • quelques rondelles de tomate

❶ Coupez les bagels en deux et toastez-les. ❷ Dans un plat creux, mélangez la laitue et la mayonnaise. Émincez les cornichons. ❸ Tartinez les demi-bagels de moutarde, puis ajoutez les cornichons, le pastrami, quelques rondelles de tomate et la laitue à la mayonnaise. ❹ Fermez les bagels et dégustez aussitôt.

**Bon à savoir:** le pastrami est de la poitrine de bœuf marinée dans la saumure puis fumée, éventuellement après avoir été farcie de graines de piment vert. Certaines recettes font intervenir d'autres épices telles que la coriandre ou le poivre. Le pastrami est généralement présenté en tranches très fines; on le trouve dans certaines grandes surfaces.

# Bagel foie gras & confit d'oignons

4 • 20 min • 1 h • 35 min

4 pains à bagels • 4 tranches de foie gras cuit ou mi-cuit
**Pour le confit d'oignons :** 350 g d'oignons rouges
• 20 cl de vin rouge • 2 c. à s. de miel liquide • 3 c. à s. de vinaigre balsamique • 8 à 10 gouttes de Tabasco® • 3 c. à s. d'huile d'olive vierge extra • sel • poivre

❶ **Préparez le confit d'oignons :** épluchez et émincez les oignons. Faites chauffer l'huile dans une poêle et faites-y revenir les oignons à feu doux pendant 10 minutes environ, jusqu'à ce qu'ils deviennent translucides. Ajoutez le miel liquide, le vinaigre, le Tabasco®, du sel et du poivre. Poursuivez la cuisson pendant 25 minutes, en mélangeant régulièrement, jusqu'à évaporation du liquide. Laissez complètement refroidir. ❷ Coupez les bagels en deux et toastez-les. ❸ Déposez le confit d'oignons sur la moitié inférieure de chaque bagel. Couvrez d'une tranche de foie gras, puis fermez les bagels. Dégustez aussitôt.

# Bagel au fromage blanc & aux herbes

👥 4   🥄 10 min   🍳 3 min

**4 pains à bagels à l'ail • 100 g de fromage blanc en faisselle • quelques feuilles de basilic frais • quelques feuilles de menthe fraîche • 4 petits oignons frais • sel • poivre**

❶ Coupez les bagels en deux et toastez-les. ❷ Égouttez soigneusement le fromage blanc en faisselle, puis transvasez-le dans un grand plat creux. ❸ Ciselez les feuilles de basilic et de menthe. Épluchez et émincez les petits oignons. Ajoutez le tout dans le plat contenant le fromage blanc. Salez et poivrez, puis mélangez bien. ❹ Garnissez chaque bagel de préparation au fromage blanc et aux herbes, dégustez aussitôt.

**Bon à savoir :** traditionnellement, le fromage blanc en faisselle est un fromage frais au lait cru qui tire son nom du moule dans lequel il s'égoutte. La faisselle se déguste souvent en dessert avec du miel ou du sucre ou, en version salée, avec des herbes et des échalotes. Elle entre également dans la confection de nombreuses recettes.

# Bagel anchois & aïoli

🍽 4  🥄 20 min  💤 30 min  🔥 3 min

4 pains à bagels • 2 œufs durs • 1 tomate • 12 olives noires • ½ poivron vert • ½ oignon rouge • 100 g d'anchois à l'huile d'olive • 100 à 120 g de sauce aïoli (voir recette p. 134) • 4 belles feuilles de salade

❶ Coupez les œufs et la tomate en rondelles. Dénoyautez les olives et coupez-les en morceaux. Éliminez les graines ainsi que les parties blanches du poivron, puis coupez sa chair en lanières. Épluchez l'oignon et émincez-le. Égouttez les anchois. ❷ Coupez les bagels en deux et toastez-les. ❸ Tartinez les demi-bagels de sauce aïoli. Sur la moitié inférieure, répartissez la tomate, le poivron, les olives, les anchois, les œufs durs et l'oignon. Couvrez d'une feuille de salade et fermez les bagels. Dégustez aussitôt.

## Bagel aubergine & duo de fromages italiens

🍽 6    🥄 15 min    🍳 8 min

6 pains à bagel • 1 aubergine • 1 boule de mozzarella • 60 g de parmesan en bloc • 12 tomates confites • 1 bouquet de basilic frais • 200 g de fromage frais nature • 3 cl d'huile d'olive vierge extra • sel • poivre

❶ Lavez l'aubergine et éliminez ses extrémités. Sans l'éplucher, détaillez-la en petits dés. ❷ Dans une poêle, faites chauffer l'huile d'olive. Faites-y cuire les dés d'aubergine pendant 5 minutes, sans cesser de remuer. Salez, poivrez et réservez hors de la poêle. ❸ Taillez les tomates confites en brunoise. Lavez, séchez et ciselez finement le basilic. Égouttez la boule de mozzarella et détaillez-la en bâtonnets très fins. ❹ Râpez le parmesan et mélangez-le au fromage frais. Incorporez ensuite les dés d'aubergine, les tomates confites, la mozzarella et le basilic. Salez et poivrez. ❺ Ouvrez les bagels en deux et toastez-les. Garnissez-les de la préparation. Refermez et dégustez aussitôt.

**Conseil :** remplacez la mozzarella au lait de vache par de la délicieuse mozzarella au lait de bufflonne.

# Bagel avocat-surimi

🍩 4   🥄 20 min   🍞 3 min

**4 pains à bagels • 400 g de surimi • 1 avocat • 1 citron pressé • 10 feuilles de coriandre fraîche • 4 c. à s. de mayonnaise (voir recette p. 129)**

❶ Coupez l'avocat en deux et dénoyautez-le. Récupérez toute la chair et coupez-la en dés. Arrosez de jus de citron. ❷ Hachez les feuilles de coriandre. Émiettez le surimi. Dans un plat creux, mélangez le surimi, l'avocat, la coriandre et la mayonnaise. ❸ Coupez les bagels en deux et toastez-les. Garnissez-les de la préparation au surimi et à l'avocat. Refermez et dégustez aussitôt.

**Bon à savoir :** le jus de citron empêche l'avocat de noircir.

**Variante :** vous pouvez remplacer le surimi par de la véritable chair de crabe émiettée.

# Bagel aux deux fromages & bacon

🍽 4    🥄 15 min    🍳 10 min

4 pains à bagels • 300 g de bacon en tranches • 16 brins de ciboulette fraîche • 250 g de fromage frais • 6 œufs • 30 g de beurre • 250 g de cheddar râpé • sel • poivre

❶ Ciselez la ciboulette. Déchirez grossièrement les tranches de bacon. Coupez le fromage frais en petits dés. ❷ Dans un bol, fouettez les œufs avec du sel et du poivre. ❸ Faites chauffer 10 g de beurre dans une poêle et faites-y cuire le bacon sur toutes les faces pendant 1 minute. Éteignez le feu. ❹ Faites fondre le reste du beurre dans une casserole. Versez-y les œufs et laissez-les prendre en remuant à l'aide d'une cuillère en bois. Retirez du feu et incorporez le fromage frais, la ciboulette et le bacon. ❺ Coupez les bagels en deux et disposez-les sur une plaque de four recouverte de papier sulfurisé. Couvrez les moitiés inférieures de la préparation aux œufs, parsemez de cheddar et faites gratiner pendant environ 3 minutes. Dégustez aussitôt.

# Bagel « double C » canard-chèvre

🍽 6   🔪 15 min   🔥 5 min

6 pains à bagels • 240 g de magret de canard fumé en tranches • 300 g de chèvre demi-sec • 6 belles feuilles de salade • 1 c. à s. de miel liquide • 4 c. à s. d'huile d'olive vierge extra • poivre

❶ Coupez le fromage de chèvre en fines tranches. ❷ Coupez les bagels en deux. Déposez une feuille de salade sur les moitiés inférieures. Arrosez-les de la moitié de l'huile, puis couvrez de fromage de chèvre. Nappez d'un peu de miel, puis arrosez de l'huile restante. Poivrez, puis répartissez les tranches de magret fumé. ❸ Fermez les bagels et placez-les pendant 4 ou 5 minutes sous le gril du four. Dégustez aussitôt.

## Bagel « Eggs & Bacon »

🍽 4   🥄 10 min   🍳 5 min

4 pains à bagels • 16 tranches de bacon • 8 œufs • 1 oignon • 8 c. à s. de crème fraîche • 4 c. à s. de ketchup (voir recette p. 127) • 20 g de moutarde forte • 4 feuilles de salade • 1 c. à s. d'huile d'olive vierge extra • sel • poivre

❶ Épluchez et hachez l'oignon. Faites griller les tranches de bacon à sec dans une poêle, puis déposez-les sur du papier absorbant. ❷ Dans un plat creux, battez les œufs en omelette. Ajoutez la crème fraîche, salez et poivrez. ❸ Faites chauffer l'huile dans une poêle et faites-y revenir l'oignon, puis ajoutez les œufs. Mélangez le tout à la spatule afin de brouiller les œufs sans risquer de les faire brûler. ❹ Coupez les bagels en deux et réchauffez-les au four. Tartinez les moitiés inférieures de ketchup et les moitiés supérieures de moutarde. Sur chaque demi-bagel, répartissez les tranches de bacon, ajoutez les œufs et une feuille de salade. Servez un demi-bagel au ketchup et un demi-bagel à la moutarde sur chaque assiette et dégustez aussitôt.

**Variante:** incorporez des herbes ciselées (persil, ciboulette, estragon…) à la préparation aux œufs en même temps que la crème fraîche.

## Bagel exotique aux crevettes

👥 4  ⏱ 10 min  🍳 3 min

4 pains à bagels • 400 g de crevettes roses cuites • 1 mangue • 1 avocat • 1 citron pressé • 4 c. à s. de sauce cocktail (voir recette p. 142)

❶ Décortiquez les crevettes, puis coupez-les en morceaux. Pelez la mangue, coupez-la en deux et dénoyautez-la. Coupez sa chair en fines lamelles. Procédez de la même manière avec l'avocat. Arrosez les lamelles de mangue et d'avocat de jus de citron, afin qu'elles ne noircissent pas. ❷ Dans un bol, mélangez les crevettes et la moitié de la sauce cocktail. ❸ Coupez les bagels en deux et toastez-les. Couvrez les moitiés inférieures de chaque bagel de mangue, de préparation aux crevettes et d'avocat. Tartinez les moitiés supérieures du reste de la sauce cocktail. Fermez les bagels et dégustez aussitôt.

# Bagel figues & foie gras

👥 4   🥄 10 min   🔲 3 min

**4 pains à bagels • 200 g de foie gras en bloc • 8 figues • 4 c. à c. de confiture de figues • sel • poivre**

❶ Coupez les figues en fines tranches. Tranchez le foie gras. ❷ Coupez les bagels et deux et toastez-les. Tartinez chaque demi-bagel de confiture de figues. Sur les moitiés inférieures, disposez quelques tranches de figues et une tranche de foie gras. Salez et poivrez. ❸ Fermez les bagels et dégustez aussitôt.

**Conseil :** voici de véritables bagels festifs, encore meilleurs lorsqu'ils sont accompagnés d'un vin doux et liquoreux.

# Bagel fromage de chèvre & légumes du Sud

🍽 4   🥄 10 min   🍳 40 min

---

4 pains à bagels • 1 gousse d'ail • 1 échalote • 1 poivron rouge • 1 petite courgette • 2 c. à s. de miel liquide • 2 c. à s. de vinaigre balsamique • 1 ou 2 c. à c. d'herbes de Provence • 30 g de pignons de pin • 200 g de fromage de chèvre frais • 1 ou 2 c. à s. d'huile d'olive vierge extra • sel

---

❶ Pelez et hachez l'ail et l'échalote. Coupez le poivron en deux, éliminez les graines et les parties blanches, puis coupez la chair en dés. Lavez et essuyez la courgette, éliminez ses extrémités. Sans l'éplucher, détaillez-la en dés. ❷ Faites chauffer l'huile dans une poêle et faites-y revenir l'ail et l'échalote, puis ajoutez les légumes, le miel, le vinaigre et les herbes. Salez et faites cuire à feu doux pendant environ 40 minutes, jusqu'à ce que le liquide soit complètement évaporé. ❸ Dans une autre poêle, faites griller les pignons de pin à sec. ❹ Coupez les bagels en deux et toastez-les. Tartinez chaque demi-bagel de fromage de chèvre, puis, sur les moitiés inférieures, ajoutez les dés de légumes et les pignons de pin. Fermez les bagels et dégustez aussitôt.

# Bagel fromage frais pimenté & chorizo

4 · 10 min · 5 min

4 pains à bagels • 20 tranches de chorizo doux finement coupées • 6 tomates séchées à l'huile d'olive • 150 g de fromage frais • 2 c. à s. de crème fraîche • 1,5 c. à c. de piment en purée • 1 ou 2 c. à s. de coriandre fraîche finement ciselée • 4 belles feuilles de salade

❶ Dans une poêle, faites légèrement griller à sec les tranches de chorizo pendant 1 minute sur chaque face. Coupez les tomates séchées en quatre. ❷ Dans un plat creux, mélangez le fromage frais, la crème fraîche, le piment et la coriandre. ❸ Coupez les bagels en deux et toastez-les. ❹ Tartinez chaque demi-bagel de fromage frais pimenté. Répartissez les tranches de chorizo sur les moitiés inférieures. Ajoutez les tomates séchées et couvrez d'une feuille de salade. Fermez les bagels et dégustez aussitôt.

Conseil : adaptez la quantité de piment à votre goût. Cependant, veillez à ne pas le surdoser, sinon il masquera la saveur des autres ingrédients.

# Bagel à l'italienne au duo de pesto

👥 4   🥄 15 min   🍳 20 min

4 pains à bagels • 4 tranches de jambon serrano • 1 aubergine • 50 g de pesto vert (voir recette p. 131) • 50 g de pesto rouge (voir recette p. 131) • 250 g de mozzarella • 1 tomate • 2 c. à s. d'huile d'olive vierge extra • sel

❶ Coupez l'aubergine en fines rondelles. Arrosez-les d'huile sur les deux faces et salez. Faites-les griller à la poêle pendant environ 3 minutes sur chaque face. ❷ Coupez les bagels en deux. Tartinez les moitiés inférieures de pesto vert et les moitiés supérieures de pesto rouge. Coupez la mozzarella en morceaux et disposez-les sur les demi-bagels. Faites gratiner pendant 5 à 10 minutes à 210 °C (th. 7). ❸ Coupez la tomate en rondelles. ❹ Sortez les demi-bagels du four. Sur les moitiés inférieures, disposez les rondelles d'aubergine et de tomate ainsi que le jambon. Fermez les bagels et dégustez aussitôt.

## Bagel jambon de pays & chips de tomme

👥 4 🥄 10 min 🍳 5 min

**4 pains à bagels • 4 tranches de jambon de pays • 300 g de tomme de brebis • 80 g de tomates confites • 100 g de beurre mou • 50 g de mâche**

❶ Détaillez la tomme de brebis en très fines tranches, pas plus épaisses qu'une chips. Détaillez les tomates confites en petits morceaux. ❷ Ouvrez les bagels en deux et réchauffez-les au four. Beurrez ensuite les deux moitiés. ❸ Procédez au montage : sur la moitié inférieure de chaque bagel, disposez une tranche de jambon de pays, puis des chips de tomme. Répartissez ensuite les tomates confites et quelques feuilles de mâche. ❹ Refermez les bagels ainsi garnis et dégustez aussitôt.

# Bagel œufs-bacon-tomates confites

🍪 6　🥄 20 min　🍳 20 min

6 pains à bagels • 12 fines tranches de bacon • 6 œufs durs • 2 brins d'estragon frais • 3 petites tomates confites • 4 c. à s. de mayonnaise (voir recette p. 129) • 6 belles feuilles de salade • 1 c. à s. d'huile

❶ Faites chauffer l'huile dans une poêle et faites-y griller les tranches de bacon sur toutes les faces pendant 5 à 6 minutes à feu vif. Égouttez-les sur du papier absorbant, puis hachez-les. ❷ Effeuillez et hachez l'estragon. Coupez les tomates en 6. Hachez les œufs. ❸ Dans un grand bol, mélangez la mayonnaise, le bacon, l'estragon, les tomates et les œufs. ❹ Coupez les bagels en deux. Disposez une feuille de salade sur les moitiés inférieures. Répartissez ensuite la préparation au bacon en une couche généreuse, puis fermez les bagels. ❺ Placez sous le gril du four pendant environ 4 ou 5 minutes. Dégustez aussitôt.

# Bagel poulet à l'aigre-douce

🍳 4  🥄 10 min  🍴 30 min

---

4 pains à bagels • 2 filets de poulet sans la peau • 2 tomates • 1 carotte • ½ poivron rouge • sauce aigre-douce (voir recette p. 133) • 4 belles feuilles de salade • 1 c. à s. d'huile d'olive vierge extra

---

❶ Portez une casserole d'eau à ébullition. Ébouillantez-y les tomates pendant quelques secondes avant de les refroidir sous l'eau froide. Pelez-les, puis coupez-les en 8. Coupez la carotte en petits morceaux. Éliminez les graines ainsi que les parties blanches du poivron, puis coupez sa chair en fines lanières. ❷ Coupez le poulet en petits morceaux. Faites chauffer l'huile dans une poêle et faites-y revenir les morceaux de poulet sur toutes les faces pendant 3 minutes, puis ajoutez les tomates, la carotte et le poivron. Poursuivez la cuisson pendant 5 minutes, puis ajoutez la sauce aigre-douce et faites cuire le tout pendant 20 minutes. ❸ Coupez les bagels en deux et toastez-les. Répartissez la préparation de poulet à l'aigre-douce sur la moitié inférieure de chaque bagel. Déposez une feuille de salade, puis fermez les bagels. Dégustez aussitôt.

# Bagel poulet, curry & crème de moutarde au miel

6 | 25 min | 6 min

6 pains à bagels • 3 filets de poulet sans la peau • 3 g de curry en poudre • 40 g de moutarde à l'ancienne • 50 g de fromage frais nature • 20 g de miel liquide • quelques feuilles de roquette • 5 cl d'huile d'olive vierge extra • sel • poivre

❶ Dans une poêle, faites chauffer l'huile d'olive et faites cuire les filets de poulet pendant environ 3 minutes sur chaque face. Assaisonnez de curry en poudre, de sel et de poivre sur toutes les faces, puis laissez complètement refroidir. ❷ Dans un petit bol, mettez la moutarde à l'ancienne, ajoutez le fromage frais nature et le miel liquide. Mélangez. ❸ Détaillez les filets de volaille en fines lanières. ❹ Ouvrez les bagels en deux et toastez-les. Badigeonnez la face intérieure de chaque demi-bagel avec le mélange de moutarde, miel et fromage. Garnissez ensuite les moitiés inférieures de chaque bagel avec des lamelles de poulet et un peu de roquette. Refermez les bagels et dégustez aussitôt.

# Bagel poulet pané, sauce tartare

🍽 4   🥄 25 min   ⏲ 10 min

4 pains à bagels • 2 filets de poulet sans la peau • 50 g de farine • 2 œufs battus • 60 g d'un mélange de noisettes et d'amandes en poudre • 30 g de chapelure • 30 g de parmesan râpé • 100 à 120 g de sauce tartare (voir recette p. 145) • 4 belles feuilles de salade • 1 c. à s. d'huile d'olive vierge extra • sel • poivre

❶ Coupez le poulet en petits morceaux. Versez la farine dans une assiette creuse. Dans une deuxième assiette, versez les œufs battus, du sel et du poivre. Dans une troisième assiette, mélangez les amandes et les noisettes en poudre, la chapelure et le parmesan. ❷ Enrobez les morceaux de poulet, dans l'ordre, de farine, d'œufs battus et du mélange à la chapelure. Réservez. ❸ Faites chauffer l'huile dans une poêle et faites-y dorer les morceaux de poulet sur toutes les faces pendant environ 5 minutes. ❹ Coupez les bagels en deux et toastez-les. Tartinez les demi-bagels de sauce tartare. Répartissez le poulet sur la moitié inférieure et couvrez d'une feuille de salade. Fermez les bagels et dégustez aussitôt.

# Bagel au saumon mariné

👥 4   🔪 10 min   🕐 3 h   🍳 3 min

4 pains à bagels • 4 pavés de saumon frais • 2 ou 3 oignons rouges • 1 c. à s. de graines de sésame • 2 citrons pressés • 1 verre d'huile d'olive vierge extra • moutarde douce • sel • poivre

❶ Coupez le saumon en petits dés. Épluchez les oignons rouges et émincez-les. ❷ Dans un grand plat creux, mélangez le saumon, les rondelles d'oignon et les graines de sésame. Arrosez le tout de jus de citron et d'huile, puis salez et poivrez. Mélangez, couvrez le plat d'un film alimentaire et laissez mariner au frais pendant environ 3 heures, en remuant de temps en temps. ❸ Une fois le saumon mariné, coupez les bagels en deux et toastez-les. Égouttez soigneusement les dés de saumon et les rondelles d'oignons. Tartinez les demi-bagels de moutarde, puis garnissez-les de dés de saumon et de rondelles d'oignons. Fermez les bagels et dégustez aussitôt.

# Bagel saumon fumé & curry

6 · 15 min · 5 min

6 pains à bagels • 6 grandes tranches de saumon fumé • 1 ou 2 carottes • ½ concombre • 110 g de fromage blanc • 1 c. à c. de miel liquide • 1 c. à c. bombée de curry en poudre • ½ citron pressé • 100 g de roquette • 3 c. à s. d'huile d'olive vierge extra • sel • poivre

❶ Épluchez et râpez les carottes. Épluchez le concombre et coupez-le en fines rondelles. Coupez les tranches de saumon fumé en lanières. ❷ Dans un bol, mélangez la moitié de l'huile, les carottes râpées, du sel et du poivre. Dans un deuxième bol, mélangez l'huile restante, le concombre, du sel et du poivre. Dans un troisième bol, mélangez le fromage blanc, le curry, le miel, le jus de citron, du sel et du poivre. ❸ Coupez les bagels en deux. Tartinez la moitié inférieure de fromage blanc au curry, puis répartissez la roquette. Ajoutez le saumon fumé, les carottes et le concombre. ❹ Fermez les bagels, puis glissez sous le gril du four pour 5 minutes environ. Dégustez aussitôt.

**Conseil**: n'hésitez pas à augmenter les proportions de saumon fumé si vous avez très faim.

# Croque-bagel

🍳 4  ⏲ 5 min  🔲 10 min

**4 pains à bagels • 4 tranches de jambon blanc • 2 c. à s. bombées de moutarde • 6 c. à s. de sauce Béchamel (voir recettes p. 137 et p. 139) • 50 g d'emmental râpé**

❶ Coupez les bagels en deux. Tartinez les moitiés inférieures de moutarde. Couvrez d'une tranche de jambon, pliée de manière à ce qu'elle ne déborde pas du pain. ❷ Couvrez d'une fine couche de béchamel et fermez les bagels. Tartinez le dessus de chaque bagel d'une fine couche de béchamel et parsemez d'un peu de fromage râpé. ❸ Faites cuire les bagels au four pendant environ 10 minutes à 210 °C (th. 7). Dégustez aussitôt.

# LES HOT-DOGS

•

## Hot-dog berlinois

🍪 4 • 🥄 10 min • 🍳 15 min

4 buns à hot-dogs • 4 saucisses pur bœuf
**Pour la sauce :** 1 oignon • 1 carotte • 20 cl de coulis de tomate • 5 cl de bouillon de viande • 3 c. à c. de sauce Worcestershire (voir recette p. 137) • 1 c. à c. de paprika en poudre • 2 c. à c. de curry en poudre • 1 c. à c. de sucre en poudre • 1 c. à s. d'huile de tournesol

❶ **Préparez la sauce :** épluchez et hachez l'oignon et la carotte. Faites chauffer l'huile dans une poêle et faites revenir les légumes hachés. Incorporez le coulis, le bouillon, la sauce Worcestershire, le paprika, le curry et le sucre. Couvrez et laissez mijoter pendant environ 10 minutes. ❷ Portez une casserole d'eau à ébullition et pochez-y les saucisses. ❸ Réchauffez les buns au four, puis tranchez-les dans la longueur, sans les couper tout à fait. ❹ Déposez une saucisse égouttée dans chaque bun. Nappez de sauce au curry chaude et dégustez aussitôt.

**Conseil**: si vous voulez vraiment respecter la recette berlinoise, privilégiez les célèbres *currywürste*, des saucisses aromatisées au curry traditionnellement présentées dans une barquette en carton, avec une petite fourchette à deux dents.

# Hot-dog new-yorkais

6   5 min   7 min

6 buns à hot-dogs • 6 saucisses viennoises ou de Francfort • 2 oignons • 6 c. à s. de relish au concombre (voir recette p. 132) • moutarde • ketchup (voir recette p. 127)

❶ Épluchez et hachez les oignons. ❷ Pochez les saucisses pendant environ 5 minutes dans l'eau frémissante. Réservez au chaud. ❸ Réchauffez les buns au four, puis tranchez-les dans la longueur, sans les couper tout à fait. ❹ Glissez une saucisse dans chaque bun, puis garnissez de relish et d'oignons frais. Ajoutez de la moutarde et du ketchup et dégustez aussitôt.

**Bon à savoir :** voici le véritable hot-dog, comme vous pouvez le déguster à tous les coins de rue de New-York. Moutarde forte ou moutarde douce ? C'est à vous de voir, mais sachez que les New-Yorkais privilégient la moutarde douce.

# Hot-dog bacon-saucisse aux 3 poivrons

👥 2 • 🔪 15 min • 🍳 10 min

2 buns à hot-dogs • 2 saucisses de Strasbourg • 2 tranches de bacon • ½ oignon • ¼ de poivron rouge • ¼ de poivron vert • ¼ de poivron jaune • 2 gros cornichons aigres-doux • quelques raisins secs • 2 c. à c. de ketchup (voir recette p. 127) • 2 c. à c. de mayonnaise (voir recette p. 129) • ½ c. à s. d'huile d'olive vierge extra

❶ Épluchez et émincez le demi-oignon. Éliminez les graines et les parties blanches des poivrons, puis émincez-les. Émincez les cornichons. ❷ Faites chauffer l'huile d'olive dans une poêle et faites-y revenir les poivrons, les cornichons et les raisins secs. Réservez au chaud. ❸ Remplissez une casserole d'eau et portez à ébullition. Plongez-y les saucisses de Strasbourg et faites-les pocher pendant environ 5 minutes. ❹ Dans une poêle, faites griller l'oignon émincé et le bacon sans ajout de matière grasse. Réservez au chaud. ❺ Réchauffez rapidement les buns au four, puis tranchez-les dans leur longueur sans les couper tout à fait. ❻ Garnissez chaque pain de préparation aux poivrons, puis ajoutez une saucisse de Strasbourg, une tranche de bacon et de l'oignon grillé. Garnissez de ketchup et de mayonnaise. Refermez les hot-dogs et dégustez aussitôt.

# Hot-dog canard-mangue

🍽 4   🔪 10 min   🍳 10 min

4 buns à hot-dogs • 8 aiguillettes de canard • 1 mangue • 1 poignée de cerfeuil frais • 4 poignées de roquette • 1 c. à s. de vinaigre balsamique • 4 c. à s. de moutarde

❶ Pelez la mangue, puis coupez-la en lamelles pas trop épaisses. Effeuillez le cerfeuil. Mettez le cerfeuil et la roquette dans un saladier et assaisonnez-les avec du vinaigre balsamique. ❷ Faites griller les aiguillettes de canard dans une poêle, sur toutes les faces, pendant environ 10 minutes. ❸ Réchauffez les buns au four, puis tranchez-les dans la longueur, sans les couper tout à fait. ❹ Tartinez les buns de moutarde. Répartissez-y la mangue, puis insérez 2 aiguillettes de canard par bun. Ajoutez la garniture au cerfeuil et dégustez aussitôt.

**Variante :** remplacez la moutarde traditionnelle par de la moutarde aromatisée au miel. Un pur délice !

## Hot-dog chipolata & gruyère râpé

👥 4　🥄 15 min　⏲ 15 min

---

4 buns à hot-dogs • 4 chipolatas • 80 g de gruyère fraîchement râpé • 4 c. à c. de moutarde • 4 feuilles de salade • 5 cl d'huile d'olive vierge extra • poivre

---

❶ Mettez les chipolatas dans une poêle et faites-les cuire à sec (c'est-à-dire sans ajout de matière grasse) et sur toutes les faces pendant environ 7 minutes. ❷ Tranchez les buns dans leur longueur sans les couper tout à fait et badigeonnez l'intérieur de chaque pain d'huile d'olive. ❸ Glissez une chipolata dans chaque pain, saupoudrez de gruyère râpé et poivrez selon le goût. Refermez les pains. ❹ Disposez les pains ainsi garnis sur la plaque du four et enfournez. Faites griller sous le gril pendant 4 minutes. ❺ À la fin de la cuisson, sortez les hot-dogs du four, ouvrez-les et garnissez-les de moutarde selon le goût. Ajoutez une feuille de salade par pain, refermez et dégustez aussitôt.

**Variante :** en fonction de votre goût ou de votre envie du moment, vous pouvez aussi ajouter un peu de ketchup ou de curry. Vous pouvez aussi remplacer les chipolatas nature par des saucisses aux herbes, en même quantité.

# Hot-dog chipolata & pesto vert

4 • 10 min • 5 min

**4 buns à hot-dogs • 4 chipolatas • 8 tomates confites à l'huile d'olive • 4 c. à s. bombées de pesto vert (voir recette p. 131) • 4 poignées de roquette**

❶ Coupez les tomates confites en petits morceaux. ❷ Faites griller les chipolatas à la poêle, sur toutes les faces, pendant 5 minutes environ. ❸ Réchauffez les buns au four ou au grille-pain, puis tranchez-les dans la longueur sans les couper tout à fait. ❹ Tartinez les buns de pesto, puis glissez une chipolata bien égouttée dans chacun. Répartissez la roquette et les tomates séchées. Dégustez aussitôt.

## Hot-dog au coleslaw

🍪 4   🥄 15 min   ⏲ 5 min

4 buns à hot-dogs • 4 saucisses de Francfort • 1 oignon • ¼ de chou blanc • 2 carottes • 10 à 12 cl de mayonnaise (voir recette p. 129) • 4 c. à c. de moutarde • sel • poivre

❶ **Préparez le coleslaw:** râpez finement le chou et les carottes. Dans un plat creux, mélangez-les à la mayonnaise, salez et poivrez. ❷ Portez une casserole d'eau à ébullition et faites-y pocher les saucisses pendant 5 minutes. Égouttez-les et réservez au chaud. Épluchez et hachez l'oignon. ❸ Réchauffez les buns au four, puis tranchez-les dans la longueur, sans les couper tout à fait. ❹ Tartinez chaque bun de moutarde. Insérez une saucisse bien égouttée, répartissez le coleslaw et ajoutez un peu d'oignon haché. Dégustez aussitôt.

**Variante:** certaines recettes de coleslaw intègrent un peu de pomme verte, une pointe de vinaigre, du yaourt et un peu de sucre. Voilà un coleslaw encore plus fort en goût!

## Hot-dog espagnol

🍽 6   ⏱ 25 min   🔥 30 min

6 buns à hot-dogs • 300 g de chorizo piquant • 3 oignons • 150 g de manchego • 4 c. à s. de mayonnaise (voir recette p. 129) • 1 c. à s. de piment en poudre • 3 c. à s. d'huile d'olive vierge extra • 20 g de beurre

❶ Épluchez et émincez les oignons. Faites chauffer l'huile et le beurre dans une poêle et faites-y compoter les oignons pendant environ 20 minutes. ❷ Retirez la peau du chorizo et coupez-le en fines rondelles. Râpez le manchego. Dans un bol, mélangez la mayonnaise et le piment. ❸ Réchauffez les buns au four, puis tranchez-les dans la longueur, sans les couper tout à fait. ❹ Garnissez chaque bun d'oignons et de chorizo. Parsemez de manchego. Déposez les buns sur une plaque et faites-les gratiner pendant quelques minutes sous le gril du four. ❺ Sortez les buns et tartinez-les de mayonnaise pimentée. Fermez les hot-dogs et dégustez aussitôt.

Bon à savoir : le manchego est un fromage de brebis espagnol à la saveur légèrement piquante. Les Espagnols aiment le déguster avec de la pâte de coings et il se prête volontiers à diverses préparations gourmandes.

## Hot-dog gratiné au diot

🍽 6    🍴 5 min    📆 22 min

**6 buns à hot-dogs • 6 diots • 2 reblochons • oignons confits (voir recette p. 130)**

❶ Faites rissoler les diots sur toutes les faces pendant environ 20 minutes. Coupez les reblochons en lamelles de 4 à 5 mm d'épaisseur. ❷ Tranchez les buns dans la longueur, sans les couper tout à fait. Garnissez-les généreusement de la moitié des oignons confits, ajoutez une saucisse et les lamelles de reblochon. ❸ Faites gratiner les buns sous le gril du four pendant 2 minutes. ❹ Sortez les buns du four, garnissez-les du reste d'oignons confits et dégustez aussitôt.

**Bon à savoir :** saucisses courtes typiquement savoyardes, les diots sont traditionnellement préparés avec des couennes et des restes de viande maigre de cochon. Ils entrent dans la composition de nombreux plats du terroir savoyard ou de mets plus originaux, à l'instar de ce hot-dog.

# Hot-dog à la grecque

🧍 4   🥄 25 min   🍳 15 min

---

4 buns à hot-dogs • 100 g de viande de bœuf hachée • 400 g de viande d'agneau hachée • 1 oignon • 60 g de chapelure • 2 c. à s. de lait • 1 œuf • 1 c. à c. d'origan séché • 1 zeste de citron haché • 2 tomates • 12 olives noires • 4 c. à s. bombées de tzatziki • sel • poivre

---

❶ Épluchez et hachez l'oignon. Dans un grand plat creux, mélangez-le aux viandes, à la chapelure, au lait, à l'œuf, à l'origan, au zeste de citron. Salez et poivrez. ❷ Humectez vos mains et façonnez la préparation en 4 saucisses. Disposez-les sur une plaque à four et faites-les cuire au four à 240 °C (th. 8) pendant environ 15 minutes. ❸ Coupez les tomates en rondelles. Dénoyautez les olives. ❹ Réchauffez les buns au four, puis tranchez-les dans la longueur, sans les couper tout à fait. ❺ Tartinez les buns de tzatziki, puis glissez une saucisse dans chaque sandwich. Ajoutez les tomates et les olives. Dégustez aussitôt.

# Hot-dog guacamole & salsa

🍽 6   🥄 10 min   🍳 10 min

6 buns à hot-dogs • 200 g de viande de bœuf hachée • 200 g de viande de porc hachée • 100 g de viande de veau hachée • 1 oignon • 1 gousse d'ail • 1 trait de Tabasco® vert • 1 c. à c. de paprika en poudre • 6 c. à s. de guacamole (voir recette p. 126) • 6 c. à s. de sauce salsa (voir recette p. 144) • 2 c. à s. d'huile d'olive vierge extra

❶ **Préparez les saucisses :** épluchez et hachez l'oignon et l'ail. Dans un saladier, mélangez-les aux viandes, au Tabasco® et au paprika. Façonnez la préparation en 6 saucisses de 2 cm de diamètre et de 13 à 15 cm de long. ❷ Faites chauffer l'huile dans une poêle et faites-y cuire les saucisses à feu moyen, sur toutes les faces, pendant environ 8 minutes. ❸ Réchauffez les buns au four, puis tranchez-les dans la longueur sans les couper tout à fait. ❹ Tartinez chaque bun de guacamole, puis glissez une saucisse pimentée. Ajoutez la sauce salsa et dégustez aussitôt.

**Variante :** glissez quelques rondelles d'oignons frits dans chaque petit pain.

**Bon à savoir :** vous trouverez le Tabasco® vert dans les épiceries exotiques et dans certaines grandes surfaces.

## Hot-dog « lobster roll »

👥 6    🔪 30 min    🍳 12 min

6 buns à hot-dogs • 2 homards • 50 cl de court-bouillon au vin blanc • 3 tomates • ½ concombre • 6 brins de coriandre fraîche • 4 à 5 c. à s. de mayonnaise (voir recette p. 129) • ½ citron pressé • quelques feuilles de salade

❶ Portez le court-bouillon à ébullition et faites-y cuire les homards pendant 8 minutes. Décortiquez-les en récupérant toute la chair et coupez-la en morceaux. ❷ Ébouillantez les tomates pendant 2 minutes. Stoppez la cuisson sous l'eau froide. Pelez-les, épépinez-les et coupez la chair en petits dés. Épluchez, épépinez et coupez le concombre en petits dés. Ciselez la coriandre. ❸ Dans un plat creux, mélangez la mayonnaise et le jus de citron, puis incorporez le homard, les tomates, le concombre et la coriandre. ❹ Réchauffez les buns au four, puis tranchez-les dans la longueur sans les couper tout à fait. Glissez un peu de salade dans chaque bun, puis garnissez de préparation au homard. Dégustez aussitôt.

**Bon à savoir :** inventé dans le Connecticut à la fin des années 1920, le « lobster roll » était à l'époque proposé chaud. Il faudra attendre le milieu des années 1960 pour qu'apparaisse une version froide, qui, depuis, est devenue emblématique de la cuisine de la Nouvelle-Angleterre. Ce hot-dog de luxe est traditionnellement proposé avec des chips ou des frites.

# Hot-dog à la marocaine

🍽 6    🥄 25 min    🍳 25 min

---

6 buns à hot-dogs • 6 merguez • 2 ou 3 oignons (selon la grosseur) • 1 c. à c. de cumin en poudre • 4 c. à s. de mayonnaise (voir recette p. 129) • 1 à 1,5 c. à s. de harissa (selon les goûts) • quelques feuilles de roquette • 4 c. à s. d'huile d'olive vierge extra • sel • poivre

---

❶ Épluchez les oignons et émincez-les. Faites chauffer 3 cuillerées à soupe d'huile dans une poêle et faites-y fondre les oignons à feu doux avec le cumin pendant environ 20 minutes, en remuant régulièrement. Salez et poivrez. ❷ Faites chauffer l'huile restante dans une autre poêle et faites-y cuire les merguez à feu moyen, sur toutes les faces, pendant environ 5 minutes. ❸ Dans un bol, mélangez la mayonnaise et la harissa. ❹ Réchauffez les buns au four ou au grille-pain, puis tranchez-les dans la longueur sans les couper tout à fait. ❺ Tartinez les deux moitiés des buns de mayonnaise à la harissa. Répartissez la roquette, puis glissez une merguez. Couvrez de compotée d'oignons et dégustez aussitôt.

## Hot-dog merguez

4 | 10 min | 10 min

4 buns à hot-dogs • 4 merguez • 8 c. à s. de sauce chermoula (voir recette p. 125)

❶ Faites griller les merguez à la poêle, sur toutes les faces, pendant environ 10 minutes. ❷ Réchauffez les buns au four ou au grille-pain, puis tranchez-les dans la longueur, sans les couper tout à fait. ❸ Déposez une merguez bien égouttée dans chaque pain, puis nappez généreusement de sauce chermoula. Dégustez aussitôt.

# Hot-dog aux oignons

👥 4 · 🔪 10 min · 🍳 15 min

4 buns à hot-dogs • 4 saucisses viennoises ou de Strasbourg • 2 gros oignons • moutarde • 1 c. à s. d'huile • sel

❶ Préchauffez le four à 150 °C (th. 5) et réchauffez-y les buns pendant 5 minutes environ. ❷ Pendant ce temps, épluchez et émincez les oignons. Faites chauffer l'huile dans une poêle et faites-y revenir les oignons. ❸ Portez à ébullition une casserole d'eau légèrement salée, puis pochez-y les saucisses. ❹ Sortez les buns du four et tranchez-les dans la longueur, sans les couper tout à fait. Garnissez-les d'oignons, ajoutez les saucisses et de la moutarde. Dégustez aussitôt.

**Conseil :** moutarde douce ou moutarde forte ? C'est en fonction du goût de chacun ! En accompagnement, prévoyez un verre de bière blonde ou un vin blanc d'Alsace.

## Hot-dog poulet-mozzarella

🍽 6    🔪 30 min    🕒 20 min

6 buns à hot-dogs • 4 filets de poulet sans la peau • quelques feuilles de salade en morceaux • 1 boule de mozzarella • 4 c. à s. de relish au concombre (voir recette p. 132) • 2 c. à s. de mayonnaise (voir recette p. 129) • 1 filet de jus de citron • 1 c. à s. d'huile d'olive vierge extra • 1 noix de beurre • sel • poivre

❶ Coupez la mozzarella en fines tranches. ❷ Étendez un film alimentaire sur un plan de travail propre, disposez-y un filet de poulet salé et poivré sur toutes les faces. Tartinez-le de relish, puis recouvrez-le de tranches de mozzarella. Enroulez pour former une ballottine bien serrée et fermez bien ses extrémités. Réalisez-en 3 autres. ❸ Portez une casserole d'eau à ébullition. Faites-y cuire les ballottines pendant environ 10 minutes. ❹ Retirez le film alimentaire en prenant soin de ne pas défaire les ballotines. ❺ Faites chauffer l'huile et le beurre dans une poêle et faites-y dorer les ballottines sur toutes les faces pendant 3 minutes, puis découpez-les en tranches. ❻ Mélangez la mayonnaise et le jus de citron dans un bol, puis ajoutez la salade. ❼ Réchauffez les buns au four, puis tranchez-les dans la longueur, sans les couper tout à fait. ❽ Garnissez chaque bun de salade, puis glissez-y quelques tranches de volaille. Dégustez aussitôt.

## Hot-dog du samouraï

👥 6 • 🔪 15 min • ⏲ 10 minutes

6 buns à hot-dogs • 300 g de nouilles chinoises • ½ oignon • 1 carotte • 1 poivron vert • 1 blanc de poireau • 6 feuilles de chou chinois en lanières • 2 c. à s. d'huile de tournesol • 4 c. à s. de sauce tonkatsu (voir recette p. 146) • algues nori en lanières

❶ Portez une casserole d'eau à ébullition. Faites-y cuire les nouilles pendant 2 minutes, en veillant à bien les séparer. Passez-les sous l'eau froide pour stopper la cuisson et égouttez-les. ❷ Épluchez et hachez l'oignon. Coupez la carotte en julienne. Retirez les graines et les parties blanches du poivron et coupez-le en dés. Coupez le blanc de poireau en rondelles pas trop épaisses. ❸ Faites chauffer l'huile dans une sauteuse et faites-y revenir l'oignon, la carotte et le poivron pendant 3 ou 4 minutes, en remuant. Ajoutez le poireau et le chou chinois. Poursuivez la cuisson pendant 1 minute, puis incorporez les nouilles. Mouillez avec 5 cl d'eau, couvrez et laissez cuire à feu doux pendant 3 minutes.

Ajoutez la sauce tonkatsu. ❹ Réchauffez les buns au four, puis tranchez-les dans la longueur, sans les couper tout à fait. ❺ Garnissez chaque bun de la préparation de nouilles, ajoutez un peu d'algues nori et dégustez aussitôt.

**Bon à savoir :** ce hot-dog est l'un des grands succès de la cuisine de rue japonaise. Les algues nori restent facultatives, selon l'envie de chacun.

# Hot-dog à la sauce chili

🍴 4   🥄 20 min   🍳 10 min

4 buns à hot-dogs • 4 grosses saucisses au choix • 1 tomate • 1 oignon rouge • 1 c. à s. de basilic frais haché • 2 c. à c. de sauce chili (voir recette p. 141) • 2 c. à c. d'huile • sel • poivre

❶ Hachez finement la tomate. Épluchez l'oignon rouge et émincez-le finement. Dans un plat creux, mélangez le tout avec le basilic, la sauce chili, du sel et du poivre. ❷ Pochez les saucisses à l'eau bouillante pendant environ 5 minutes. Faites chauffer l'huile dans une poêle et faites griller les saucisses à feu moyen sur toutes les faces. ❸ Tranchez les buns dans la longueur, sans les couper tout à fait. Glissez une saucisse, garnissez de sauce chili et dégustez aussitôt.

**Conseils :** n'hésitez pas à varier les plaisirs en optant pour des saucisses de Toulouse, des saucisses aux herbes… Pas de basilic frais sous la main ? Remplacez-le par une cuillerée à café de basilic séché et haché.

## Hot-dog saucisse-bacon

👥 2    🥄 10 min    📦 15 min

---

4 buns à hot-dogs • 4 saucisses viennoises ou de Strasbourg • 4 tranches de bacon • moutarde • gruyère râpé • huile

---

❶ Tartinez les tranches de bacon de moutarde, puis enroulez-en une autour de chaque saucisse, en veillant à ce que la moutarde se trouve entre le bacon et la saucisse. ❷ Faites chauffer un peu d'huile dans une poêle et faites-y revenir les saucisses préparées sur toutes les faces, afin que le bacon brunisse de tous les côtés. ❸ Tranchez les buns dans la longueur, sans les couper tout à fait. Dans chacun, glissez du gruyère râpé, une saucisse et encore un peu de fromage. ❹ Faites gratiner les buns sous le gril de four. Dégustez aussitôt.

**Conseil :** pas de bacon sous la main ? Remplacez-le par du lard fumé. N'oubliez pas une petite salade en accompagnement.

## Hot-dog saucisse-cornichons

4 • 15 min • 10 min

4 buns à hot-dogs • 4 saucisses de Francfort • 2 tomates • 4 gros cornichons • 4 c. à c. de moutarde • 4 c. à s. de relish au concombre (voir recette p. 132) • sel au céleri

❶ Coupez les tomates en rondelles. Coupez chaque cornichon en deux dans la longueur. ❷ Portez une casserole d'eau à ébullition et faites-y pocher les saucisses pendant 5 minutes. ❸ Réchauffez les buns au four, puis tranchez-les dans la longueur, sans les couper tout à fait. ❹ Tartinez l'intérieur de chaque bun de moutarde, puis garnissez de rondelles de tomates. Glissez une saucisse par bun, puis répartissez les demi-cornichons. Ajoutez le relish et saupoudrez de sel au céleri. Dégustez aussitôt.

**Bon à savoir** : demandez aux habitants de Chicago ce qu'ils pensent de ce hot-dog, c'est leur préféré !

## Hot-dog à la saucisse de haricots rouges

🎛 6 · 🥄 30 min · 🌙 1 h · 🍳 35 min

6 buns à hot-dogs • 125 g de haricots rouges en boîte • 2 gousses d'ail • 1 oignon frais avec sa tige • 300 g de gluten de blé • 2 sachets de levure • 2 c. à s. de sauce soja • 1 c. à c. de paprika en poudre • ½ c. à c. de piment de Cayenne • 1 c. à s. d'huile d'olive vierge extra + 1 filet pour la cuisson • 25 cl de bouillon de légumes • 1 noix de beurre • 6 c. à s. de relish au concombre (voir recette p. 132) • sel • poivre

❶ Pelez et hachez l'ail et l'oignon. Dans un grand plat creux, écrasez les haricots rouges à la fourchette, puis incorporez l'ail, l'oignon, le gluten, la levure, la sauce soja, le paprika, le piment, l'huile, le sel et le poivre. Mélangez. Incorporez progressivement le bouillon de légumes tiède et pétrissez cette pâte pendant quelques minutes. Couvrez la préparation de film alimentaire et laissez reposer pendant 1 heure. ❷ Aplatissez la pâte avec la paume de la main et repliez-la plusieurs fois sur elle-même pour en chasser l'air. Pétrissez-la de nouveau pendant quelques minutes, puis façonnez-la en 6 saucisses de la même longueur que vos buns. Enveloppez ces saucisses de film alimentaire et faites-les cuire à la vapeur pendant 30 minutes. ❸ Faites chauffer un filet d'huile et le beurre dans une poêle et faites-y griller les saucisses sur toutes les faces. ❹ Réchauffez les buns au four, puis tranchez-les dans la longueur, sans les couper tout à fait. ❺ Garnissez chaque bun de relish, glissez une saucisse de haricots rouges et couvrez d'un peu de relish. Dégustez aussitôt.

Variante : pour des hot-dogs encore plus gourmands, ajoutez quelques rondelles d'oignons frits juste avant de déguster.

## Hot-dog saucisse de Toulouse & roquefort

6 · 10 min · 15 min

**6 buns à hot-dogs • 6 saucisses de Toulouse • 3 oignons rouges • 30 g de beurre • 20 g de sucre en poudre • 200 g de roquefort • sel • poivre**

❶ Mettez les saucisses de Toulouse dans une poêle et faites-les rissoler sur toutes les faces. Réservez au chaud. ❷ Épluchez et émincez les oignons rouges. Dans une poêle, faites chauffer le beurre. Ajoutez les oignons émincés et le sucre et faites cuire à feu doux. Salez et poivrez. Une fois que les oignons sont compotés, réservez à température ambiante. ❸ Tranchez les buns dans leur longueur, sans les couper tout à fait. ❹ Garnissez chaque hot-dog de compote d'oignons rouges, puis répartissez les saucisses de Toulouse. Parsemez enfin de roquefort préalablement débité en petits dés. ❺ Enfournez les hot-dogs sous le gril du four et faites-les chauffer rapidement jusqu'à ce que le roquefort commence à fondre. Dégustez aussitôt.

# Hot-dog tofu et gruyère

🍽 4 · 🥄 10 min · 🔥 10 min

**4 buns à hot-dogs • 8 saucisses viennoises au tofu • 200 g de gruyère râpé • moutarde forte**

❶ Faites pocher les saucisses en les plongeant quelques minutes dans l'eau bouillante. ❷ Tranchez les buns dans la longueur, sans les couper tout à fait. Garnissez chaque bun avec 2 saucisses bien chaudes. Parsemez de gruyère. ❸ Faites gratiner le tout au four pendant quelques instants. Servez aussitôt avec la moutarde en accompagnement.

**Bon à savoir:** les saucisses viennoises au tofu se trouvent dans les magasins diététiques et les boutiques bio.

# EN VERSION SUCRÉE

•

## Bagel chocolat & noix de coco

👥 4    🥄 20 min    🌙 1 h 30    🍳 10 min

---

4 pains à bagels • 100 g de chocolat noir • 10 g de noix de coco râpée
**Pour la ganache :** 10 cl de crème fraîche liquide • 200 g de chocolat blanc • 20 g de beurre • 40 g de noix de coco râpée

---

❶ **Préparez la ganache :** faites bouillir la crème dans une casserole. Retirez du feu et ajoutez les petits morceaux de chocolat blanc et le beurre. Mélangez jusqu'à obtention d'une préparation homogène. Incorporez la noix de coco et réservez pendant 1 heure environ. ❷ Coupez les bagels en deux et toastez-les. Tartinez les moitiés inférieures de ganache. ❸ Faites fondre le chocolat noir cassé en morceaux au bain-marie. Trempez-y délicatement le dessus de la moitié supérieure des bagels. Posez-les sur les moitiés inférieures tartinées de ganache. Saupoudrez de noix de coco et réservez au frais pendant 30 minutes : le chocolat doit former une coque à la surface de chaque bagel. Dégustez aussitôt.

**Variante :** confectionnez vous-même vos pains et incorporez des pépites de chocolat à la pâte. Irrésistible !

# Hot-dog tout chocolat

🍽 6   🔪 25 min   ❄ 3 à 4 h   🔥 6 min

---

6 buns à hot-dogs sucrés
**Pour les papillotes :** 250 g de chocolat au lait • 120 g de beurre • 5 g de pralin • 250 g de biscuits sablés concassés
**Pour la sauce au chocolat :** 100 g de chocolat blanc • 75 g de beurre de cacahuète

---

❶ **Préparez les papillotes :** faites fondre le chocolat au lait au bain-marie avec le beurre. Laissez refroidir, puis incorporez le pralin et les sablés. ❷ **Formez 6 papillotes :** posez un film alimentaire sur un plan de travail propre, déposez-y 1/6 de la préparation au chocolat et enveloppez-la dans le film alimentaire, de manière à former une saucisse de 2 cm de diamètre sur 15 cm de long environ. Formez 5 autres papillotes de la même manière. Faites-les prendre au frais pendant 3 à 4 heures. ❸ **Préparez la sauce au chocolat :** cassez le chocolat blanc en morceaux et faites-le fondre avec le beurre de cacahuète en mélangeant énergiquement. Laissez refroidir. ❹ Réchauffez les buns au four, puis tranchez-les dans la longueur, sans les couper tout à fait. ❺ Glissez une saucisse de chocolat à l'intérieur de chaque bun, nappez de sauce au chocolat blanc et dégustez aussitôt.

# Bagel fraises & fromage frais

👥 4   🥄 10 min   🍳 5 min

**4 pains à bagels • 180 g de fromage frais • 40 g de sucre en poudre • 160 g de fraises**

❶ Dans un bol, mélangez le fromage frais et le sucre. ❷ Lavez les fraises et coupez-les en tranches. ❸ Coupez les bagels en deux et toastez-les. Tartinez chaque demi-bagel de fromage frais sucré, puis répartissez les lamelles de fraises sur les moitiés inférieures. Fermez les bagels et dégustez aussitôt.

**Conseil :** lavez les fraises avant de les équeuter et de les couper. En procédant à l'inverse, elles se gorgent d'eau et perdent une bonne part de leur saveur.

# Bagel aux myrtilles fraîches

🍽 6   🔪 15 min   ⏲ 7 min

**6 pains à bagels • 25 g de beurre • 400 g de myrtilles fraîches • 6 c. à s. de sucre en poudre • 100 g de crème fraîche liquide • 100 g de *cream cheese***

❶ Faites fondre le beurre dans une poêle et ajoutez-y les myrtilles. Faites cuire à feu moyen, sans cesser de mélanger, pendant 5 minutes environ, jusqu'à ce que les fruits soient bien brillants. Versez 2 cuillerées à soupe de sucre et poursuivez la cuisson, toujours en mélangeant, pendant 1 ou 2 minutes. ❷ Montez la crème fraîche en chantilly. Incorporez-y le reste de sucre, puis le *cream cheese*. ❸ Coupez les bagels en deux et toastez-les. Répartissez la préparation aux myrtilles sur les moitiés inférieures. Décorez de chantilly. Fermez les bagels et dégustez aussitôt.

## Bagel façon pain perdu

👥 4   🥄 15 min   🍳 6 min

---

**4 pains à bagels • 1 gousse de vanille • 3 œufs • 25 cl de lait • 15 g de beurre • sucre en poudre**

---

❶ Fendez la gousse de vanille en deux dans la longueur et récupérez les graines. Dans une assiette creuse, fouettez les œufs avec le lait et les graines de vanille. ❷ Coupez les bagels en deux. Trempez chaque moitié dans la préparation aux œufs, de manière à ce que le pain soit imbibé à cœur. ❸ Faites fondre le beurre dans une poêle. Déposez immédiatement les demi-bagels dans la poêle quand le beurre crépite et faites-les dorer environ 3 minutes sur chaque face à feu moyen. Retirez-les de la poêle et saupoudrez-les généreusement de sucre. Servez aussitôt.

**Variante :** remplacez le sucre en poudre par du miel liquide.

# Bagel à la salade de fruits frais vanillée

🍽 4　🔪 15 min　💤 30 min

**4 pains à bagels • 1 banane • 24 fraises • 2 kiwis • 2 sachets de sucre vanillé • 150 g de ricotta • 70 g de confiture de myrtilles**

❶ **Préparez la salade de fruits :** pelez la banane et coupez-la en rondelles pas trop épaisses. Lavez les fraises et coupez-les en quatre. Épluchez les kiwis et coupez-les en petits dés. Dans un grand plat creux, mélangez délicatement le tout avec le sucre vanillé. Réservez au frais pendant 30 minutes. ❷ Dans un bol, mélangez la ricotta et la confiture de myrtilles. ❸ Coupez les bagels en deux et toastez-les. ❹ Tartinez les moitiés inférieures de préparation à la ricotta, puis couvrez de salade de fruits. Fermez les bagels et dégustez aussitôt.

# LES SAUCES ET ACCOMPAGNEMENTS

•

## Chermoula

👥 4   🔪 10 min   🍳 10 min

200 g d'oignons • 2 gousses d'ail • 2 c. à s. de coriandre fraîche ciselée • 1 c. à s. de persil haché • 1 pincée de cannelle moulue • 1 pincée de gingembre râpé • 1 pincée de piment doux en poudre • 2 c. à s. de jus de citron • 10 cl d'huile d'arachide • sel

❶ Épluchez et émincez finement les oignons. Pelez et écrasez les gousses d'ail. ❷ Faites chauffer l'huile dans une petite casserole et faites-y compoter les oignons jusqu'à ce qu'ils deviennent tendres et dorés. ❸ Incorporez l'ail, la coriandre, le persil, la cannelle, le gingembre, le piment doux et une petite pointe de sel. Ajoutez le jus de citron et mélangez bien.

**Bon à savoir**: indissociable de la cuisine marocaine, la chermoula est une sauce particulièrement savoureuse. Le jus de citron peut éventuellement être remplacé par du vinaigre.

## Guacamole

👥 4 🥄 20 min 🌙 1 h

**2 avocats • 2 tomates • 1 oignon • 4 ou 5 brins de coriandre fraîche • 1 citron pressé • 1 trait de Tabasco® • sel • poivre**

❶ Coupez les avocats en deux et dénoyautez-les. Prélevez la chair et mixez-la jusqu'à l'obtention d'une purée lisse. ❷ Coupez les tomates en deux, épépinez-les et coupez la chair en dés. Épluchez et hachez l'oignon. Ciselez la coriandre. ❸ Dans un plat creux, mélangez la purée d'avocat, les tomates, l'oignon et la coriandre. Arrosez de jus de citron, ajoutez le Tabasco®, salez et poivrez. Mélangez.

**Bon à savoir**: d'origine mexicaine, le guacamole peut être proposé en apéritif avec des tacos ou en sauce d'accompagnement pour des enchiladas, des hot-dogs…

# Ketchup maison

🫙 1 kg  🥄 15 min  ⏲ 3 h  💤 15 jours

**1 kg de tomates • 1 kg d'oignons • 40 cl de vinaigre de cidre • 500 g de cassonade • 1 c. à s. de poivre en grains • 3 ou 4 clous de girofle • 1 piment fort • 2 c. à s. de moutarde douce • 1 c. à c. de paprika en poudre • sel**

❶ Coupez les tomates en deux, épépinez-les et concassez-les. Épluchez et émincez les oignons. Faites cuire le tout à feu doux pendant 30 minutes, puis réduisez en purée au moulin à légumes équipé d'une grille fine. ❷ Dans une casserole, mélangez la purée avec le vinaigre de cidre et la cassonade. Rassemblez les grains de poivre, les clous de girofle et le piment fort dans une mousseline. Nouez-la et déposez-la dans la casserole. Faites mijoter à feu doux pendant environ 2 heures, en remuant souvent. ❸ Retirez la mousseline et incorporez la moutarde, le paprika et un peu de sel. Poursuivez la cuisson à feu doux pendant encore 30 minutes. Laissez refroidir. ❹ Versez dans des bocaux préalablement ébouillantés et fermez-les hermétiquement. Réservez-les au frais pendant 15 jours avant de déguster.

**Conseil:** ce ketchup maison, qui vous fera vite oublier toutes les préparations industrielles, se conserve jusqu'à 3 mois au réfrigérateur.

# Mayonnaise

👥 6　🥄 10 min

**2 jaunes d'œufs • 2 c. à c. de moutarde forte • 1 ou 2 c. à c. de vinaigre de vin blanc • 5 cl d'huile de tournesol • sel • poivre**

❶ Sortez les ingrédients à l'avance pour qu'ils soient à température ambiante. ❷ Dans un plat creux, fouettez les jaunes d'œufs avec la moutarde, 1 cuillerée à café de vinaigre, du sel et du poivre. ❸ Toujours en fouettant, versez un peu d'huile, goutte à goutte, jusqu'à ce que la préparation commence à épaissir. ❹ Incorporez le reste d'huile en filet, jusqu'à obtention d'une préparation ferme et brillante. ❺ Rectifiez l'assaisonnement si nécessaire.

**Conseils :** ne versez pas l'huile trop rapidement, car la mayonnaise ne prendra pas. Dans un bol couvert au réfrigérateur, cette mayonnaise se conserve jusqu'à deux jours. Pour une saveur plus prononcée, remplacez l'huile de tournesol par de l'huile d'olive.

# Oignons confits

6 · 10 min · 50 min

**12 gros oignons • 150 g de sucre en poudre • 18 cl d'huile d'arachide**

❶ Épluchez les oignons et émincez-les finement. ❷ Faites chauffer l'huile dans une poêle. Versez-y les oignons et saupoudrez-les de sucre. ❸ Faites compoter le tout à feu doux, en remuant régulièrement, pendant environ 50 minutes, jusqu'à ce que les oignons soient caramélisés.

# Pesto vert

🍪 4   🥄 10 min

---

**2 gousses d'ail • 50 g de basilic frais • 50 g de pignons de pin • 60 g de parmesan râpé • 12 cl d'huile d'olive vierge extra • sel**

---

❶ Pelez et émincez les gousses d'ail. Déchirez les feuilles de basilic en morceaux. Déposez le tout dans un mortier avec les pignons de pin et le parmesan. Écrasez au pilon, jusqu'à ce que les pignons soient réduits en petits morceaux.
❷ Ajoutez l'huile et salez. Mélangez jusqu'à obtention d'une consistance épaisse.

**Conseil :** si vous n'avez pas de mortier, utilisez un robot ménager qui vous donnera cependant une préparation plus lisse, moins rustique.

**Variante :** pour obtenir un pesto rouge, remplacez le basilic par 125 g de tomates séchées à l'huile d'olive hachées en petits morceaux.

# Relish au concombre

6 | 15 min | 3 h | 1 h 30

1 oignon • 2 concombres • 1 poivron rouge • 2 c. à s. de sel • 5 grains de poivre noir • 2 ou 3 clous de girofle • 70 cl de vinaigre de cidre • ½ c. à c. de curcuma en poudre • ½ c. à c. de graines de moutarde jaune • 250 g de sucre roux

❶ Épluchez l'oignon. Coupez le poivron en deux et retirez les graines et les parties blanches. Coupez tous les légumes en dés, versez-les dans un grand récipient et saupoudrez-les de sel. ❷ Rassemblez le poivre et les clous de girofle dans une mousseline et nouez-la. Ajoutez-la dans le récipient contenant les légumes et laissez reposer pendant environ 3 heures. ❸ Égouttez les légumes et transvasez-les dans un faitout avec le vinaigre de cidre frémissant, le curcuma, les graines de moutarde, le sucre et la mousseline. ❹ Portez à ébullition et laissez frémir pendant 90 minutes, jusqu'à ce que les légumes deviennent translucides et que le sirop épaississe. Retirez la mousseline.

## Sauce aigre-douce

👥 4   🥄 15 min

1 mangue • 1 gousse d'ail • 1 c. à c. de fécule de maïs • 4 c. à s. de vinaigre de cidre • 1 c. à s. de ketchup (voir recette p. 127) • 1 c. à s. de sucre en poudre • 1 pincée de piment en poudre • sel

❶ Épluchez la mangue, puis coupez-la en morceaux. Pelez et hachez la gousse d'ail. ❷ Dans un bol, délayez la fécule de maïs dans 3 cuillerées à soupe d'eau. Ajoutez le vinaigre, le ketchup, le sucre, le piment et une pointe de sel. Incorporez la mangue et l'ail. Mélangez.

## Sauce aïoli

👥 6  🥄 10 min

**2 gousses d'ail • 2 jaunes d'œufs • 1 c. à c. de moutarde forte • 1 c. à s. de jus de citron • 1 pincée de poivre de Cayenne • 25 cl d'huile d'olive vierge extra • sel**

❶ Pelez et écrasez les gousses d'ail. ❷ Dans un grand bol, fouettez légèrement les jaunes d'œufs avec l'ail, la moutarde, le jus de citron, le poivre de Cayenne, un tout petit peu d'huile et du sel. Sans cesser de fouetter, versez un peu d'huile goutte à goutte, jusqu'à ce que la sauce commence épaissir. ❸ Incorporez le reste d'huile en mince filet, jusqu'à ce que la sauce atteigne la consistance voulue.

**Conseil:** évitez de verser l'huile trop rapidement en fin de préparation, car la sauce risquerait de ne pas prendre. Si cela se produit tout de même, tentez de la récupérer en y incorporant une cuillerée à soupe d'eau chaude, en fouettant. Si le mélange reste liquide, battez un autre jaune d'œuf dans un bol à part et ajoutez-le à la préparation en fouettant.

## Sauce aux herbes

4 — 10 min

2 échalotes • 4 brins de coriandre fraîche • 4 brins de ciboulette • 2 c. à s. de yaourt à la grecque • 1 c. à s. de crème fraîche • 1 c. à s. de moutarde • 1 pincée de cumin moulu • sel • poivre

❶ Épluchez et hachez les échalotes. Ciselez la coriandre et la ciboulette. ❷ Dans un bol, mélangez le yaourt, la crème fraîche, la moutarde, du sel et du poivre. Incorporez les échalotes, les herbes et le cumin. ❸ Goûtez et rectifiez l'assaisonnement si nécessaire.

## Sauce barbecue

🍪 4   🥄 10 min

1 oignon • 2 gousses d'ail • 6 c. à s. de ketchup (voir recette p. 127) • 4 c. à s. de miel liquide • 4 c. à s. de sauce Worcestershire (voir recette p. 147) • sel • poivre

❶ Épluchez et hachez l'oignon et l'ail et mettez-les dans un plat creux. ❷ Ajoutez le ketchup, le miel, la sauce Worcestershire, du sel et du poivre. Mélangez bien le tout.

**Bon à savoir :** la recette de la sauce Worcestershire inclut des anchois, des échalotes, du vinaigre, de la mélasse, de l'ail, de la pulpe de tamarin et diverses épices. Utilisée dans de nombreuses préparations gourmandes, elle est également essentielle à la confection du Bloody Mary.

# Sauce Béchamel classique

4 • 5 min • 10 min

**30 g de beurre • 30 g de farine • 50 cl de lait • quelques pincées de noix de muscade • sel • poivre**

❶ Dans une casserole, faites fondre le beurre à feu doux. Une fois qu'il est fondu, incorporez la farine et mélangez de manière à bien amalgamer les ingrédients. Après quelques minutes, la farine et le beurre sont bien mélangés et forment un roux qui commence à se colorer. Coupez le feu dès que la préparation présente une belle couleur dorée et laissez refroidir. ❷ Dans une autre casserole, versez le lait et portez à ébullition. Versez progressivement le lait très chaud sur le roux, en fouettant énergiquement pour empêcher la formation de grumeaux. Une fois que le lait est complètement versé, replacez cette préparation sur un feu doux. ❸ Poursuivez la cuisson, sans cesser de mélanger, jusqu'à obtention de la bonne consistance. Vous savez que la consistance est idéale lorsque la préparation peut napper le dos d'une cuillère en bois. ❹ Assaisonnez de noix de muscade (en fonction de votre goût), de sel et de poivre. Mélangez une dernière fois.

**Conseil :** si la sauce n'est pas assez liquide à votre goût, vous pouvez la passer au chinois afin de l'assouplir.

# Sauce Béchamel aromatisée

🍽 4   🥄 10 min   💤 30 min   🍳 10 min

½ oignon • 3 ou 4 brins de persil • 30 cl de lait • 1 feuille de laurier • 15 g de beurre • 15 g de farine • noix de muscade râpée • sel • poivre

❶ Épluchez et hachez l'oignon avec le persil. Dans une casserole, mélangez le tout avec le lait, la feuille de laurier et un peu de poivre. Faites chauffer jusqu'à la limite de l'ébullition. Retirez du feu, couvrez et laissez infuser pendant 30 minutes avant de filtrer le lait. ❷ Faites fondre le beurre dans une autre casserole. Dès qu'il commence à mousser, ajoutez la farine et mélangez. Faites cuire pendant 1 ou 2 minutes sans cesser de remuer à la cuillère en bois jusqu'à obtention d'un roux blond. ❸ Retirez du feu et incorporez le lait petit à petit, sans cesser de fouetter, jusqu'à obtention d'une sauce parfaitement lisse. Remettez sur le feu et portez à ébullition sans cesser de remuer. ❹ Baissez le feu et poursuivez la cuisson pendant 5 minutes, en remuant, jusqu'à épaississement. Salez, poivrez et ajoutez la noix de muscade.

**Conseil :** en y incorporant un ingrédient supplémentaire, cette sauce au goût neutre se transforme à volonté. Le poivre vert, notamment, lui convient fort bien.

# Sauce chili

🍽 6　🥄 20 min　🍳 5 min

---

1 tomate • ½ poivron vert • 1 oignon • 1 gousse d'ail • 1 ou 2 blancs de poireau • 3 ou 4 piments verts frais • 2 c. à s. de farine • ½ c. à c. de poivre de Cayenne • 1 c. à s. de vinaigre • 2 c. à s. d'huile d'olive vierge extra • sel • poivre

---

❶ Coupez la tomate en dés. Hachez le poivron préalablement débarrassé de ses graines et de ses parties blanches. Épluchez et hachez l'oignon, l'ail et le blanc de poireau. Coupez les piments verts en petits morceaux. Mélangez bien le tout avec du sel et du poivre. ❷ Faites chauffer l'huile dans une casserole. Ajoutez la farine et remuez jusqu'à coloration. Incorporez les légumes, puis assaisonnez de poivre de Cayenne. Mouillez avec le vinaigre et faites cuire le tout pendant 2 à 3 minutes, sans cesser de remuer. ❸ Laissez complètement refroidir la sauce avant de la servir.

## Sauce cocktail

8 · 10 min

100 g de tomates séchées à l'huile d'olive • 25 cl de mayonnaise (voir recette p. 129) • 4 c. à s. de crème fraîche épaisse • 1 c. à c. de jus de citron • 1 c. à s. de cognac • 1 c. à c. de Tabasco® • sel

❶ Hachez finement les tomates au mixeur. ❷ Dans le bol, ajoutez la mayonnaise, la crème fraîche, le jus de citron, le cognac et le Tabasco®. Salez, puis mélangez bien.

**Variante :** pour une sauce plus originale, remplacez le cognac par du whisky ou même du pastis !

## Sauce mexicaine

🍽 4   🥄 15 min   💤 15 min

**500 g de tomates • 1 oignon • 1 bouquet de coriandre fraîche • 2 piments verts • 2 c. à s. de jus de citron vert • sel**

❶ Sans les peler, épépinez les tomates, puis coupez la chair en dés de 0,5 cm de côté. Épluchez et émincez l'oignon. Ciselez la coriandre. Fendez les piments verts en deux dans la longueur, puis épépinez-les et enlevez les côtes blanches. Émincez la chair très finement. ❷ Dans un grand plat creux, mélangez les tomates, l'oignon, les piments, la coriandre, le jus de citron et du sel. ❸ Laissez reposer 15 minutes environ avant de servir.

## Sauce salsa

👥 4   🥄 10 min   🍳 30 min

1 kg de tomates • 1 oignon • 2 gousses d'ail • 1 c. à c. de concentré de tomates • 4 à 5 pincées de piment de Cayenne • 1 c. à s. d'huile d'olive vierge extra • sel • poivre

❶ Ébouillantez les tomates, puis rafraîchissez-les sous l'eau froide. Pelez-les et épépinez-les. Épluchez l'oignon et l'ail. Hachez le tout ensemble. ❷ Faites chauffer l'huile dans une cocotte et faites-y revenir les légumes, puis ajoutez le concentré de tomates, le piment de Cayenne, du sel et du poivre. ❸ Faites confire le tout pendant environ 30 minutes, puis rectifiez l'assaisonnement si nécessaire, de manière à obtenir une sauce bien relevée. Laissez refroidir et mixez.

## Sauce tartare

🍳 4   🍴 20 min

1 oignon • 2 c. à s. de câpres égouttées • 100 g de cornichons • 25 cl de mayonnaise (voir recette p. 129) bien moutardée • 2 c. à s. d'herbes fraîches (ciboulette, estragon et persil) mélangées et hachées • 1 pincée de poivre de Cayenne • poivre

❶ Épluchez et hachez l'oignon avec les câpres et les cornichons. ❷ Dans un bol, mélangez le tout avec la mayonnaise, les herbes, le poivre de Cayenne et du poivre.

**Bon à savoir :** généralement à base de ciboulette, d'estragon et de persil, vous pouvez varier le choix des herbes. La sauce tartare est parfaite avec un steak haché.

## Sauce tonkatsu

🍽 6  🥄 15 min  ⏲ 15 min  🧊 3 h

1 oignon • 2 tomates • 1 pomme • 6 pruneaux • 4 dattes • 1 c. à thé de fécule de maïs • 50 g de cassonade • 12,5 cl de jus d'orange • 12,5 cl de sauce soja • 6 c. à s. de vinaigre de riz • 6 cl de mirin • 1 c. à s. de concentré de tomate • ½ c. à thé de gingembre frais moulu • ½ c. à thé de girofle moulue • 1 pointe de poivre de Cayenne

❶ Épluchez et hachez l'oignon. Coupez les tomates en dés. Épluchez la pomme, évidez-la et coupez-la en quartiers, puis en dés. Dénoyautez les pruneaux et les dattes et coupez-les en dés. ❷ Dans un bol, délayez la fécule dans 1 cuillerée à soupe d'eau. ❸ Faites caraméliser la cassonade à feu très doux dans une casserole, sans remuer, pendant 2 minutes environ. Remuez alors très doucement jusqu'à ce qu'elle prenne une teinte ambrée. ❹ Incorporez tous les autres ingrédients, à l'exception de la fécule. Portez à ébullition, puis laissez mijoter à feu moyen pendant 10 minutes. Incorporez la fécule et, sans cesser de remuer, laissez mijoter pendant 1 minute. ❺ Mixez la préparation et passez-la au tamis, puis laissez tiédir. Couvrez la préparation et réservez au frais pendant 3 heures.

**Bon à savoir :** si certaines recettes intègrent de la sauce Worcestershire, il ne s'agit que de versions occidentalisées bien éloignées de la sauce d'origine. Vendu dans les épiceries asiatiques et certaines grandes surfaces, le mirin est un saké doux utilisé comme condiment par les Japonais et les Coréens.

## Sauce Worcestershire

4 — 20 min — 15 jours — 45 min

2 échalotes • 2 gousses d'ail • 1 morceau de gingembre de 3 cm - 1 morceau de cannelle d'environ 2 cm • 45 g de graines de moutarde jaune • 3 g de poudre de piment de Cayenne • 6 g de poivre en grains • 6 g de poudre de clous de girofle • 3 g de cardamome • 50 cl de vinaigre • 12,5 cl de mélasse • 12,5 cl de sauce soyo • 50 g de pulpe de tamarin • 3 g de curry en poudre • 1 filet d'anchois réduit en purée • sel

❶ Épluchez et ciselez les échalotes. Pelez et hachez la gousse d'ail. Râpez le morceau de gingembre. Réduisez la cannelle en une poudre fine. ❷ Mettez les échalotes, l'ail et le gingembre au centre d'une étamine (toile fine qui sert à tamiser). Ajoutez-y les graines de moutarde jaune, la poudre de piment de Cayenne, la cannelle, les grains de poivre, la poudre de clous de girofle et la cardamome. Rassemblez bien ces ingrédients au centre de l'étamine, puis fermez-la de manière à former une sorte de petit sac (un nouet). ❸ Dans une grande casserole, versez le vinaigre, la mélasse, la sauce soyo et la pulpe de tamarin, puis ajoutez le nouet d'épices. Portez le tout à ébullition, baissez le feu et laissez frémir pendant 45 minutes. ❹ Dans un bol, mélangez 45 g de sel, le curry en poudre, le filet d'anchois écrasé en purée et 12,5 cl d'eau. Ajoutez cette préparation à la casserole, mélangez et retirez du feu. Transvasez ensuite le contenu de la casserole, y compris le nouet d'épices, dans un récipient en verre. Couvrez hermétiquement et laissez ainsi reposer pendant 2 semaines au réfrigérateur. Pendant ce temps de repos, mélangez régulièrement la préparation et pressez un peu le nouet d'épices. ❺ À la fin de ce temps de repos, retirez le nouet d'épices de la préparation, puis transvasez la sauce dans une bouteille en verre. Fermez-la hermétiquement et stockez-la dans le réfrigérateur. Secouez bien la bouteille avant d'utiliser la sauce.

**Conseil** : Si vous n'avez pas d'étamine, vous pouvez utiliser une mousseline à thé.

**Bon à savoir** : vous trouverez aisément la sauce soyo (soyu, shoyu ou shoyo) et la pulpe de tamarin dans les épiceries asiatiques.

# Index des recettes

### Les préparations de base

| | |
|---|---|
| Bagel brioché | 9 |
| Bagel de Montréal | 11 |
| Bagel new-yorkais | 13 |
| Bun à burger | 14 |
| Bun à hot-dog | 15 |
| Bun à hot-dog sucré | 17 |

### Les burgers

| | |
|---|---|
| Baconburger | 20 |
| Burger agneau & poivrons grillés | 28 |
| Burger aigre-doux | 29 |
| Burger à l'agneau | 27 |
| Burger au beurre d'ail | 31 |
| Burger au bleu | 32 |
| Burger au foie gras | 42 |
| Burger aux légumes du soleil | 46 |
| Burger aux quatre fromages | 49 |
| Burger bœuf-bacon | 22 |

| | |
|---|---|
| Burger chic de carpaccio de bœuf & haricots verts | 35 |
| Burger classique | 19 |
| Burger de haricots noirs | 44 |
| Burger de poulet grillé à l'orange | 48 |
| Burger de tofu | 57 |
| Burger de veau à l'italienne | 60 |
| Burger « dolce vita » | 37 |
| Burger exotique au porc | 38 |
| Burger façon confit | 39 |
| Burger façon « Oktoberfest » | 41 |
| Burger Fish & Chips | 25 |
| Burger gourmand | 43 |
| Burger « made in France » au camembert rôti | 45 |
| Burger magret & foie gras | 47 |
| Burger raclette | 51 |
| Burger « Riviera italienne » | 53 |
| Burger Rossini | 52 |
| Burger rustique « tout cochon » | 54 |
| Burger sauvage aux quatre sauces | 55 |
| Burger saveur café | 33 |
| Burger tex-mex | 56 |
| Burger « Triple cheese » | 59 |
| Burger végétarien | 24 |
| Cheeseburger | 23 |

Index des recettes • **153** •

| | |
|---|---|
| Cheeseburger aux champignons | 61 |
| Chickenburger à la mexicaine | 62 |
| Chickenburger au curry | 63 |
| Fishburger | 21 |

## Les bagels

| | |
|---|---|
| Bagel à l'italienne au duo de pesto | 79 |
| Bagel anchois & aïoli | 69 |
| Bagel aubergine & duo de fromages italiens | 70 |
| Bagel au fromage blanc & aux herbes | 68 |
| Bagel au saumon mariné | 85 |
| Bagel aux deux fromages & bacon | 72 |
| Bagel avocat-surimi | 71 |
| Bagel comme à New York | 66 |
| Bagel « double C » canard-chèvre | 73 |
| Bagel « Eggs & Bacon » | 74 |
| Bagel exotique aux crevettes | 75 |
| Bagel figues & foie gras | 76 |
| Bagel foie gras & confit d'oignons | 67 |
| Bagel fromage de chèvre & légumes du Sud | 77 |
| Bagel fromage frais pimenté & chorizo | 78 |
| Bagel jambon de pays & chips de tomme | 80 |
| Bagel œufs-bacon-tomates confites | 81 |
| Bagel poulet à l'aigre-douce | 82 |
| Bagel poulet, curry & crème de moutarde au miel | 83 |

| | |
|---|---|
| Bagel poulet pané, sauce tartare | 84 |
| Bagel saumon et cream cheese | 65 |
| Bagel saumon fumé & curry | 86 |
| Croque-bagel | 87 |

## Les hot-dogs

| | |
|---|---|
| Hot-dog à la grecque | 99 |
| Hot-dog à la marocaine | 103 |
| Hot-dog à la sauce chili | 109 |
| Hot-dog à la saucisse de haricots rouges | 112 |
| Hot-dog au coleslaw | 96 |
| Hot-dog aux oignons | 105 |
| Hot-dog bacon-saucisse aux 3 poivrons | 92 |
| Hot-dog berlinois | 89 |
| Hot-dog canard-mangue | 93 |
| Hot-dog chipolata & gruyère râpé | 94 |
| Hot-dog chipolata & pesto vert | 95 |
| Hot-dog du samouraï | 107 |
| Hot-dog espagnol | 97 |
| Hot-dog gratiné au diot | 98 |
| Hot-dog guacamole & salsa | 100 |
| Hot-dog « lobster roll » | 101 |
| Hot-dog merguez | 104 |
| Hot-dog new-yorkais | 91 |
| Hot-dog poulet-mozzarella | 106 |

| | |
|---|---|
| Hot-dog saucisse-bacon | 110 |
| Hot-dog saucisse-cornichons | 111 |
| Hot-dog saucisse de Toulouse & roquefort | 113 |
| Hot-dog tofu et gruyère | 115 |

### En version sucrée

| | |
|---|---|
| Bagel à la salade de fruits frais vanillée | 124 |
| Bagel aux myrtilles fraîches | 122 |
| Bagel chocolat & noix de coco | 117 |
| Bagel façon pain perdu | 123 |
| Bagel fraises & fromage frais | 121 |
| Hot-dog tout chocolat | 119 |

### Les sauces et accompagnements

| | |
|---|---|
| Chermoula | 125 |
| Guacamole | 126 |
| Ketchup maison | 127 |
| Mayonnaise | 129 |
| Oignons confits | 130 |
| Pesto vert | 131 |
| Relish au concombre | 132 |
| Sauce aigre-douce | 133 |
| Sauce aïoli | 134 |
| Sauce aux herbes | 135 |

| | |
|---|---|
| Sauce barbecue | 136 |
| Sauce Béchamel aromatisée | 139 |
| Sauce Béchamel classique | 137 |
| Sauce chili | 141 |
| Sauce cocktail | 142 |
| Sauce mexicaine | 143 |
| Sauce salsa | 144 |
| Sauce tartare | 145 |
| Sauce tonkatsu | 146 |
| Sauce Worcestershire | 147 |

# Mes recettes

Vous avez aimé ce livre ?
Vous aimerez aussi :

## Également disponible dans la même collection

- Les gratins en 130 recettes
- 130 recettes à moins de 2 euros
- Cookies, muffins & Co en 130 recettes
- Les meilleurs desserts d'antan en 110 recettes
- L'apéro en 140 recettes
- Tout le chocolat en 90 recettes
- Riz et risottos en 130 recettes
- Quiches, tartes et tatins en 100 recettes
- La cuisine sans gluten en 120 recettes

Le Petit Livre de Cuisine – **2,99 €**
www.editionsfirst.fr